小学館文庫

# 美しい昔

## 近藤紘一が愛したサイゴン、バンコク、そしてパリ

野地秩嘉

# 目次

# 美しい昔

近藤紘一が愛したサイゴン、バンコク、そしてパリ

# 序章
# 並はずれた愛

浅草寺《せんそうじ》の雷門、仲見世、宝蔵門を抜けると、焼きそば、焼き鳥、たこ焼きといった露店が店を開いている。ビールや日本酒も売っていて、平日でも、朝から一杯やっている善男善女がいる。これが他のお寺なら、境内で朝から缶ビールというわけにはいかないのだが、庶民の盛り場、浅草に位置していることもあり、また寺の雰囲気にも堅苦しさを感じない。ついつい、「ビールの一杯くらいはいいか」と思ってしまうのだろう。

あまりに天気がよかったので、お参りの前ではあったけれど、私も露店に立ち寄り、焼き鳥と冷たいビールを頼んだ。

露店のおばさんは笑いかけながら、「中国人観光客がいちばん多いかな。それから、台湾、香港、韓国の人たちで、タイとベトナムの人も来るよ」と教えてくれた。

おばさんが言うとおり、境内にはアジアからの参拝客が大勢いた。欧米人もいないわけではないが、アジアの仏教国からやってきたと思われる人の姿が目立つ。眺めているうちに、彼らは日本人とはお参りの仕方、とくに線香の上げ方が違うことに気づいた。日本人は火をつけたら、片手で拝んで、すぐに線香立てにさすけれど、彼らは線香を両手でささげ持つ。頭の上に差し上げ、上半身をふたつ折りにして拝跪《はいき》する。同じ動作を2度、3度繰り返した後、やっと線香立てにさす。

せっかく来たのだから、私も列に並んで、線香を買うことにした。買ったはいいけれど、どこで火をつければいいのかなと、迷っていたら、「ユー」とポロシャツのすそを引っ張られた。

「ユー、こっち。こっち、OKよ」

係員のおじさんが親切にも火鉢の置き場まで誘導してくれたのである。短パン、ポロシャツ、サングラス姿で、まごまごしていたから、係員は間違いなく東南アジアからの客と判断したのだろう。

線香を上げ、本堂に参った後、五重塔へ向かった。そこにはアジアを愛した作家、近藤紘一《こんどうこういち》の位牌《いはい》が安置されている。本来の墓所は静岡県の冨士霊園にあるのだけれど、作家の妻が「私の寺」と呼んだ浅草寺にも位牌があり、永代供養されている。

「お施主の名前は？」

係の女性から聞かれたので、「近藤なう。奥さんです」と答えたら、「なうさん。ひらがなですか、カタカナですか」と聞かれた。

私はちょっと考えて、「近藤なう。ひらがなです」と答えた。

いまも昔も日本のメディアは外国人の名前はカタカナで表記する。近藤紘一の著書に出てくる妻の名前も「近藤ナウ」とカタカナ表記だ。しかし、日本に帰化している彼女は戸籍名はひらがなにしているはず。私はそう推測したので、係の女性には、ひらがなですと伝えた。

正解だった。パソコンのモニターを眺めていた係の女性は「はい、ありました。2階の霊牌殿へどうぞ」。

階段を上がっていくと、博物館にあるガラスの展示ケースみたいなところに、たくさんの位牌が収めてあった。2分後、彼のそれを見つけた。

「飛雲院章道紘栄居士」と記してある。

小さく声に出して読んでみた後、「戒名というのは、よくできたもんだな」と感心した。戒名には彼の人生が投影されていた。サンケイ新聞（当時）の海外特派員だった彼は往時、ベトナムをはじめ、タイ、フィリピンなど、主に東南アジアを飛行機で飛び回って、記事を書いていた。その後、ベストセラーとなるノンフィクションや小

説をものし、前者では大宅壮一ノンフィクション賞、後者では中央公論新人賞を受賞した。近藤が著したベトナム、アジアを舞台とするシリーズ物は総計で１００万部以上を売り、彼はたちまちスター作家となった。ノンフィクション分野は小説に比べて地味なジャンルだったが、彼と、大宅賞を同時受賞した沢木耕太郎氏は多くのファンを集め、ふたりを目指して文章を書きはじめた若者も少なくなかった。

　また、近藤が再婚したナウはベトナムの美女である。美男美女の作家夫妻で、しかも妻は外国人である。そういった素材を世間が放っておくはずはなく、ふたりは夫妻でテレビ、ラジオにも登場した。ある番組ではベトナムについて語り、ある日はベトナム料理をこしらえてみせた。注目のカップルとなったのである。そして、『サイゴンから来た妻と娘』は大宅賞を獲《と》った年の暮れにはＮＨＫの「ドラマ人間模様」枠で連続ドラマとして放映され、林隆三が近藤紘一役でドラマに主演した。同書はベストセラーになっただけでなく、一種の社会現象を起こした本なのである。まさしく彼は「文章道」で光栄を手にした男だった。

　45歳の若さで亡くなったのだが、葬儀では親しくしていた作家、司馬遼太郎が弔辞を読んだ。

「並みはずれた愛――柩の前で――」と題された弔辞には、司馬遼太郎がどれほど故人を愛し、また、その才能を高く評価していたかが表現されている。

「近藤紘一君、生死というのは仮りの姿でしかありません。私は、死が、私どもと君を隔てたとは思っていません。君は永遠というきわまりのない世界に入って、私ども卑小なる地上の者どものまわりに、満ち満ちています。

しかし、ただ一つの不満は、君にもう会えないということです。君は、われわれのまわりに遍《あまね》く存在していながら、私どもは、類《たぐ》いまれな精神をもった君を、もはや、五感で感ずることができないのです」

「君はすぐれた新聞記者でありましたが、しかし新聞記者が持つあのちっぽけな競争心や、おぞましい雷同性を、君はできるだけ少く持つようにつとめていました」

「君はすぐれた叡智《えいち》のほかに、なみはずれて量の多い愛というものを、生まれつきのものとして持っておりました」

「文学においては、君は、新しい開花を万人に予感させつつ、花を十分に見せてくれることなしに、我々を残して天に去ってしまったのです」

年下の作家に対して、司馬遼太郎がこれほどの好意を寄せたのは稀《まれ》だろう。

近藤紘一が出した本はノンフィクションが8冊（死後、出版されたものが2冊）、小説、翻訳、共著が各1冊ずつ。いずれもテーマは海外事情で、大半はベトナムと東南アジアが舞台である。それも彼が書いたのはベトナムに生きる人間の話だ。それまで同国を舞台とした本はベトナム戦争を描いたものだったのに対して、近藤は戦場の国にも平和な日本と同じようにたくましく生きる庶民がいると報道した。ベトナムの社会とベトナム人を紹介した先駆者と言える。そのため、彼の本はいまだに同国を訪れる人たちに支持されている。ビジネスで渡航する会社員、雑貨やエスニック料理を楽しみに行く女性観光客、そういう人々にとって近藤紘一の本はいまもなおバイブルであり、ロングセラーとなっている。

そして、残された本を読んでいると、彼が取材をする時に大切にしていた信条のようなものがはっきりと伝わってくる。なかでも大事にしていたのが、その国を知るためには人や町に「浸透」しなければならないことだ。

彼は記者会見に出て、質問をすることだけが取材活動とは思っていなかった。どこの国へ行っても、ひたすら町を歩き、庶民と話をした。市場で買い物をし、屋台で食事をし、家族連れが出かける動物園で一緒になって見物した。地元にとけこんで、そこに暮らす人々と親しくなることを心がけている。ベトナムという国を表現する時でも、当時の他の新聞記者のように、戦争や武器の話ばかりでなく、庶民の暮らし、庶民の楽しみを見つけて、それを書いている。

文藝春秋の編集者として、『サイゴンから来た妻と娘』など、一連の作品を担当した新井信は「戦争レポートではなく、ベトナム庶民の話が面白かったから本にしようと思った」と語る。新井は伊丹十三、向田邦子、沢木耕太郎といった有名作家を育てた職人的技能を持つ編集者である。

「近《こん》ちゃんのベトナム人の奥さんは娘に対して、非常に厳しいしつけをする。その話に興味を持ったので、連絡も取りました。ベトナム式教育法の本を作ってみようかなと思ったのが彼と仕事をする発端です。

あの頃、ベトナムについての戦争のレポートはたくさんありました。だから、一般の日本人はベトナムと言えば戦争の国だと思っていた。けれど、近ちゃんは庶民とその生活をベースにした話を書いた。そこが他の記者、ジャーナリストとの最大の違いです。

それに、彼はサイゴンで奥さんとふたりで暮らしたわけではない。ベトナムの大家族主義のなかへ入っていって、おじ、おば、いとこなど親戚《しんせき》とも同じ家で暮らしている。そして、親戚からも認められ、家族の一員になっている。大らかというか、そこまで深入りしてしまうジャーナリストはなかなかいません」

近藤紘一の本には、ベトナムの大家族のことから自分たち夫婦のことまで、家庭の事情が詳しく書いてある。夫婦げんかも親戚との軋轢《あつれき》も、思春期の娘に性教育をしたことも、なんでもかんでもあっけらかんとさらしている。

第三者として立場をかたくなに保持し、客観的な立場から抜け出ることのないジャーナリストが多いなか、近藤は気取りもなく、格好をつけることもない。自分のプライバシーをあっさりと書いている。

「作家は銀座を裸で歩くくらいの覚悟がいる」と言った小説家がいたが、彼もまたそれくらいの覚悟を持っていたのだろう。

そうした信条は女性の読者をひきつける要因となったようだ。

新井は「彼の本には女性ファンが多かった」と語る。

「近ちゃんは妻の話に耳を傾け、連れ子を実子にして育てました。ものすごく優しい男だと受け取られたようで、とくに女性読者から支持されました。何事に対してもコワモテで知られる女性評論家のなかにも大の近藤ファンがいたくらいです」

彼が大切にしていた信条がもうひとつある。それは旅について書く時に、「日本を顧みながら現地を見る」という点だ。

「外国で暮らすことは裏返せば日本を考えること」（『国際報道の現場から』中公新書）

「『日本を知るためには、外国に行け』は、やはりれっきとした真理のひとつと思える」（『妻と娘の国へ行った特派員』文藝春秋）

いまや新聞、雑誌、あるいはネット上で、「旅を書く」人は多い。ただ、読んでみると、その大半は自分が旅をした国、旅をした場所のことばかりがえんえんつづられている。そういう文章を読んでいると、本人ばかりが旅を楽しんでおり、読者はどことなく置いてきぼりにされた気分になってしまう。そして、よく読むと、旅先のことばかりを書いている人は「その国にいる自分が好き」なのだ。読者の存在よりも、自分がその国に暮らしていることを主張したいのだろう。

その点、彼は違う。その国を好きになり、とけこむことを実践していたけれど、他国について考える態度は冷静である。絶対的なファンとしての目ではなく、つねに日本と比べながら、相対的な目で眺めている。さめた目なのだが、冷たさは感じない。そういう態度で貫かれているから、彼が描く旅の事情を読んでいると、ふと「旅行してもいいいな」と感じてしまう。

私は近藤紘一がアジアを旅している姿を想像した。彼が旅先で取材したり、文章を練っている時の姿も空想してみた。彼はどこの国へ行っても、まず、庶民の集まる場所へ行っただろう。市場、屋台、動物園、寺……。俗っぽくて、騒々しい場所に立って、現地で生活する普通の人を見つめながら、その国について考えたのではないだろうか。それが彼の旅のスタイルであり、取材の方法だったのではないか。

日本で彼がよく足を運んでいたのは浅草だった。ベトナム人の妻とふたりでお参りをしながら、喧騒《けんそう》のなかで日本と東南アジアの違いに考えをめぐらせていた。

『バンコクの妻と娘』（文藝春秋）にはこんな一節がある。

「多くのベトナム庶民にとって、お寺はくつろぎとやすらぎの、そしてときには仲間同士の社交の場でもある。だから、すぐれて俗っぽく、騒々しく、気易く近寄れるところでなくてはならない。

そんな妻が東京で散々探し回ってどうやら及第点をつけたのは、浅草の観音様だった」

彼の位牌が浅草寺にあるのは、妻がいちばん好きな寺だからだ。そこには、いまもアジアの人々が大勢、やってくる。確かに、騒々しいし、世俗にまみれた寺だけれど、近藤紘一にとってはどこよりも居心地がいいと思われる。

# 第1章 ふたりの妻

近藤紘一がサンケイ新聞（当時）サイゴン支局長になったのは1971年、31歳の時だった。ベトナム戦争さなかのことで、当時、現地にいた戦争特派員が書いた記事は彼には「陰惨なまでの戦争報道」に見えたのである。特にアメリカのスター記者と呼ばれた人たちのそれは、「執拗《しつよう》なまでの勇気をもって、サイゴン政権（注　南ベトナム政府）の『不正』と『腐敗』及びそれを支援する米国の政策を非難し続けた」（『目撃者』文春文庫）ものと感じられた。

近藤は司馬遼太郎が評したように「新聞記者特有のちっぽけな競争心やおぞましい雷同性を持たない」人である。従来からある戦争報道ではなく、現地で自分が感じたことをありのままに伝えようと決意していた。

友人だった東京新聞の神谷紀一郎記者（故人）には次のようなことを語っている。

「サイゴン発の原稿では、妙な軍事解説や戦略論みたいなものはやめようと思うんだ。

（略）その代わり、俺は人間を書く。あそこで生きている人間を書く」（『したたかな敗者たち』文春文庫）

言葉通り、彼が表現したのはベトナム庶民のエピソードであり、ベトナムという国の魅力だったのである。

たとえば……。

「南ベトナム政府軍はいざ戦いとなると、縁起をかついで隊付きの占い師に吉凶日を見てもらってから出撃するので、作戦は解放戦線に筒抜けになり、米軍はカッカしていること、ベトナムは恐妻社会であり、あるとき空港が閉鎖されたので『スワッ、クーデターか』とおっ取り刀で駆け付けると、夫人が海外へ行っている間に浮気中の大統領、突然帰ってきた夫人を空港に降ろさないために閉鎖した」（同書）

苦しいだけ、悲しいだけ、戦争だけの土地に暮らす人間はいない。戦争に傷ついたり、戦車から逃げ惑った体験を持つ庶民は大勢いた。だが、一方で、戦争を利用して金儲《かねもう》けしたり、海外からやってきた記者たちにモノを売りつけたりする庶民もいたのである。たくましく、したたかに、こすっからく生きる人間は戦地にもいた。

彼が書いた記事、ルポルタージュには、そんな南ベトナム庶民の顔があり、呼吸する音まで聞こえてくる。こんなに面白い人たちなのかと感じてしまう。だが、当時のマスコミには「近藤の書いたものは甘い。けしからん」と断じる人たちが少なからずいた。大宅賞を受賞した作品『サイゴンから来た妻と娘』については、さまざまな反響があったが、ある週刊誌には、次のような評が載った。

「まぎれもないフランスやアメリカの犯罪的な侵略に、ひどく甘いのである。著者の自由主義の目は南の民衆を活写しても、革命の心がなんであったかの、根っこのところを素通りして掘り起こそうとしない」

こうした評はひとつではない。彼の狙《ねら》いや考えを理解しようとした新聞人は決して多数派ではなかった。

では、そうした反発があっても、彼はなぜ南ベトナムの庶民の心情や生活を書こうと思ったのか。

いちばん大きな理由は庶民のなかで暮らしていたからだろう。彼が寝起きしていたのは再婚したベトナム人女性ナウの家である。サイゴンの下町、ファングーラオ通りにある町家で、すぐ近くには庶民が日々のおかずを買いに出かけるベンタン市場があった。庶民と暮らし、庶民と話をしていたので、庶民の話を書くことができたのである。安全な外国人専用ホテルに暮らす特派員にはとてもまねのできないことだった。

ただし、庶民が集まる場所で暮らしているわけだから、いつテロに遭ってもおかしく

はない。思えば彼の方が他の特派員よりも最前線で仕事をしていたのである。ならば、彼はそんな危険を覚悟してまで、どうしてベトナム特派員に手を挙げたのだろうか。

「近藤はもともとベトナムが好きだったわけじゃない。あいつは文学とフランスが好きな男だった」

そう語るのは吉川精一。元NHKアナウンサーで、近藤紘一とは湘南高校の頃から親しくしており、逗子《ずし》にあった実家にもたびたび出入りするほどだった。

「奴がサイゴンへ行ったのはむろん、サンケイ新聞の社命でしょう。だが、あいつは戦場だから出かけていった。死に近い場所へ行きたかった。とにかくいちばん苦しい場所へ自分の身を置きたいと思ったはずです。

赴任する前年のこと、近藤は最初の奥さんを亡くしています。しかも、前妻は心を病んだすえに亡くなっています。そのことがあってから、近藤は『オレが悪いんだ』と言っていました。あいつは自分の命を失ってもやむを得ないという状況に自分を追い込みたかったのでしょう」

吉川によれば近藤紘一は「絵に描いたようなブルジョワ」の生まれ育ちだった。4

００坪という逗子の邸宅にはピアノが置かれてあり、父親は東京帝国大学を卒業した医師である。当然、近藤も医者になることを期待されていたのだが、そうはならず、早稲田の仏文へ進んだ。そして、進学した早稲田でフランス文学に傾倒した近藤紘一が出会ったのが駐仏大使の長女だった。

「フランス映画に出てくる女優さんみたいな人でした。細面で、彼女がキャンパスを歩いているとみんなが視線をやるくらい、目立つ存在だった」（吉川精一）

残された写真を見ると、涼やかな目をした美人である。しかも大使の娘でフランス語がペラペラというから良家の子女としか言いようがない。一方の近藤紘一も目鼻立ちがくっきりとした美男子である。ふたりはフランス文化を語り、趣味のクラシック音楽を聴いた。まったく似合いのふたりだった。

大学を出た翌年、近藤は24歳で結婚する。式は挙げずにそれぞれの両親の友人を集めた豪華な披露宴を外務省の外郭団体が持っていたホテル霞友会館で行った。司会は吉川精一、有名財界人も出席し、シャンソン歌手の石井好子が「愛の賛歌」をうたった。

近藤と前妻は最初の任地、静岡で新婚生活を送った後、２年間のパリ留学に出発する。そして、妻の様子に異変が起こったのはパリに着いて間もない頃のことだった。

「パリに着いて三カ月ほどしてから、彼女は疲労を訴えはじめた。最初のうちはそれほど気にとめなかった。一カ月余りの長旅の反動、あるいは、しばらく遠ざかっていた学生生活への適応の気苦労が体調に現れたのだろう、と思った。私自身、まだ初めての外国暮らしに、自分をなじませるのに精一杯だった。(略)

すでにこの土地で何年も暮らした体験を持つ妻のぐずつきに、(注 私は)かまっている余裕はなかった。彼女の症状は徐々に悪化した。そして、私が、彼女の心身の消耗が、単なる疲労でなく、本物の病いからきていることに気付いたとき、その病いはもうこの土地での生活を続けられないほど昂進していた。医師の勧めに従い、つい数カ月ほど前とは別人のようにやつれ果てた彼女を、急遽《きゅうきょ》日本へ送り返した。自分の迂闊《うかつ》さをひどく悔いた」(『したたかな敗者たち』)

「生活の勝手がわからなかったのをなかばいいことに、私は煩雑な外国暮らしの諸事をすべて妻にまかせた。論文の宿題に毎日追われている彼女にとって、それがどんなに負担であるか気がつかなかった。半年ほどして突然彼女が疲労を訴え始めた時も大して気にしなかった。

その頃、私のフランス語はなんとか一人で日常の用が足せるぐらいまで上達していたが、雑事に時間を奪われたくなかった。自分にはまだこの町で学び、吸収することが山ほどあると思った。

妻はしだいにふさぎ始め、やがて私が本気で心配し始めた時には遅すぎた」（『サイゴンのいちばん長い日』文春文庫）

前妻は近藤が出社した後、ガス栓を開いて自殺を図り、そうして病院に担ぎ込まれた。心の病による自殺未遂で、前妻には同じ病を持つ母親がいたが、母親もまた早くに亡くなっていた。

当然、近藤もその事実は知っていただろう。しかし、初めて暮らした海外で、あこがれていたパリの町で生活することに舞い上がってしまい、妻の病気には気づかなかった。そうしているうちに妻はふさぎこみ、海外での生活に耐えられなくなる。夫妻は帰国したが、彼女は恢復《かいふく》せず、帰らぬ人となる。

前途洋々の新聞記者は結婚後、わずか5年で妻を亡くしてしまったのである。

「前の妻が突然死んでその葬式が終わったあと、十日以上もベッドに転がってヘミングウェイを読み続けたことを思い出した。ヘミングウェイという作家がいなければ、私はそのあとサイゴンに何かを探しにくる気にもならなかっただろう」（『サイゴンのいちばん長い日』）

ヘミングウェイを読み続けたことだけが原因ではないだろうが、時間が経《た》つにつれて、近藤は気持ちを整えていった。少なくとも、サイゴンに何かを探しにくるだけの気力を回復していた。そうして、現地に赴いた彼は妻の死を引きずりながらも、他の記者とは違う視点で南ベトナム報道に打ち込んだのである。

妻の死を引きずってはいたけれど、「もともとモテる奴だった」（吉川精一）近藤紘一は赴任地サイゴンでも、すぐにモテてしまうのである。それも、本のなかにはあいまいに書いてあるけれど、近藤はサイゴンに到着してすぐと言っていいくらいの短い期間で、妻となるナウに出会い、交際を始めている。

この辺の経緯は潔癖な読者にしてみれば、「なんだこいつは」ということになるだろう。私も少しそう思った。

だが、しかし、である。思えば彼がサイゴンに着任したのは31歳の時だ。青年ではないけれど、中年でもない。本人は「再生への未練があった」と吐露しているが、要するにまだ若かったから、女性がいなくては心身ともにさびしかったのだろう。

また、推測するに、戦時下のサイゴンは単身者には誘惑の多い町だった。戦地に赴任しているわけだから、妻や子供を連れてくる記者はいない。年がら年中、ひとりで生活することになる。現地の女性もそのことはよくわかっているから、近づいてくる

女性も少なくなかったに違いない。ベトナムの女性にしてみれば海外からの特派員と結婚できれば戦地から逃げ出すことができる。平和な国に落ち着いてから家族や親戚《しんせき》を呼び寄せることだって可能だ。そこまで考えて、外国人と交際しようと思った女性は少なくない。一方、海外からやってきた特派員の方もひとりだけの生活は味気ないから、女性と交際するようになる。現地妻を持つ記者も少数ではなかった。現に、近藤は「サイゴン・ワイフ」を持つ同僚記者からナウを紹介されている。

いまとなれば誰もあの頃の女性関係を告白する日本人ジャーナリストはいないけれど、当時、サイゴンにいたジャーナリストの大半はベトナム人女性とつきあっていたか、もしくは女性がいる場所へ頻繁に出かけていた。

そのなかで近藤紘一だけがサイゴンの女性の事情を詳しく書くことができたのは、責任を取って結婚したからだ。妻帯者だった特派員たちはベトナムや戦争のことは書くことができても、つきあっているベトナム人女性について話題にすることはできない。『サイゴンから来た妻と娘』のような本を書くことができたのは近藤紘一しかいなかったのである。他の記者だって同じようなベトナムの見聞体験はあったけれど、生活について詳しく書こうと思ったら、現地の女性について触れざるを得ない。そういった事情があったから、『サイゴンから来た妻と娘』には類書はないのだ。

さて、次の文章は本人がベトナム人の妻ナウと出会うシーンである。

「もう一人を見ると、これがあきれたことに、もう何世紀も前に花の盛りを過ぎたような年恰好《としかっこう》の、何かデンと重みのある女性で、おまけに右目のわきに大きなアバタがあった」

「ところが、このとき、その年齢不詳の女性がまっすぐ私の顔を見すえ、どういうわけか、ふいにニコッと笑ったのだ。外出禁止時間明けのまだほの暗く乾いた街路に、突然、大輪の花が咲いたように見えた」（『サイゴンから来た妻と娘』）

照れて、わざと乱暴に書いているけれど、彼は海水浴へ出かける際に出会ったナウを直感で好きになる。恋は直感だ。何の理屈もなく、彼はナウに一目ぼれした。そこから先は早い。何も書いていないけれど、短時日のうちに、ふたりはサイゴン市内にあったナウの家で同棲《どうせい》生活に入る。3階建ての町屋で、1階は彼女が経営する食堂だった。ナウ、連れ子のユン、その他、何人かの親戚との同居であり、最初の妻との新婚生活とは対照的なアジア的大家族混住の毎日だった。

ふたりが籍を入れたのは赴任した翌年、1972年である。下町のレストランで結婚式を挙げ、連れ子のユンは近藤の養女となった。その後、ナウは彼が亡くなるまでの14年間、ぴったりとそばに寄り添う。

本に出てくるナウの人物像はひとことで言えば「タイガー・レディ」である。気が強く、金遣いも荒く、自分が他の男性としゃべったりすることには寛容だけれど、亭主が他の女をちらっと見ようとしたら、すぐに叱《しか》りつける。娘のしつけには言葉だけでなく、時には手を出して、ひっぱたいたりもする。

吉川も「私は前妻と親しかったせいもあるけれど、ナウさんとは距離をおいてつきあった」と語る。

友人たちだけでなく、東大を出た医師である近藤の両親も再婚を歓迎してはいなかった。ふたりが結婚した後も、彼が先に亡くなってからも、近藤家はナウ、ユンともに認めていない。

だが、ナウは厳しいだけのタイガー・レディではない。吉川は彼女の別の一面も見ている。

「近藤が死んだ後、自宅を訪ねたら、仏壇があって、彼だけでなく、前妻の位牌《いはい》もありました。ナウさんは毎朝、ふたりを拝んでいると言っていた。そして、いまでもナウさんはフランスで、ふたりの位牌を拝んでいるそうです」

前妻が亡くならなければ、近藤はサイゴンへは行かなかったかもしれない。また、行ったにせよ、ナウと結婚することはありえなかった。彼のことだから、ベトナムの女性とも知り合い、そして、庶民の話を書いただろうが、それはいま残っている作品とは少し違うものになっていたはずである。

第2章

# 家族と友人が見た近藤紘一

吉川精一は湘南高校、早稲田大学と近藤と同窓だった。前妻、そして2番目の妻、ナウのこともよく知っている。吉川が語る近藤は、お坊ちゃんで、女性に好かれるタイプで、自身も女性が好きで、そしてフランス文学を好む男だった。近藤がなりたかったのは新聞記者ではなく、最初から作家だったという。

「彼は逗子に暮らす金持ちの医者の息子です。だいたいあいつのうちへ遊びに行くとピアノがあるんですよ。男兄弟ふたりなのにピアノがある。当時、そんなうちは少数ですよ。湘南高校には金持ちが多かったけれど、そのなかでもズバ抜けて恵まれていた。だいたい、僕は高校時代はそれほど親しかったわけじゃない。近藤が早稲田の仏文に進んで、そこで出会った時から親しくなったと思う。近藤のお父さん、臺五郎《だいごろう》氏は息子を東大の医学部へやって医者にしたいと思っていたはず。ところが、近藤は医学部へ行かず、東大へも行かない。そのうえ、2回目の結婚でベトナム人と結婚してしまう。お父さんやお母さんにしてみれば期待外れもいいところだったんじゃないでしょうか」

近藤の生まれた環境と、その後の実家との関係は吉川の短い言葉に言い尽くされている。父親の近藤臺五郎は東京帝国大学医学部を卒業し、同大学の教授となった。消化器の専門家で胃がんの権威でもあり、オリンパスの技術者とともにファイバースコープを開発した人間だった。また、経済界の実力者とも懇意にしていて、財界四天王のひとりとして知られていたサンケイ新聞、フジテレビ社長の水野成夫《しげお》の主治医でもあった。

近藤家は借家だったけれど、逗子の駅近くに400坪の家を構え、近藤と弟の次郎《つぎお》は子どもの頃からバイオリンやピアノを習わされていた。いまでこそ、幼稚園の頃から音楽教育を受けるのは当たり前だけれど、なんといっても昭和30年代初めの話である。バイオリンやピアノを男の子に習わせる家庭は決して多くはない。

4つ下の弟、次郎は兄について、「勉強はよくできました」と語っている。

「東大に入っても不思議はない頭の持ち主だったけれど、本人はまったく医者になる気はなかった。私だってそうです。近藤家は私たちのじいさんの代から医者で、親父《おやじ》の兄弟も医者だった。嫁いできた母親は医者の一族のなかで息苦しい思いをしていたから、息子がふたりとも医者にならないと言った時はほっとしたんじゃないでしょうか。親父も特に医者になれと僕らに厳命したわけじゃないんです」

言葉通り、次郎は音楽関係の出版社に入り、現在ではクラシック音楽の評論家だ。近藤は親に対して多少の負い目を感じてはいただろう。ただ、だからといって自分がやりたいことを断念することはなかった。文学を志向し、新聞記者になり、その後も自分のやりたいことをやって、行きたいところへ出かけていった。

友人、吉川精一が話す次のエピソードは近藤が女性に好かれる男だったこと、彼もまた女性が好きだったことが納得できるものだ。

「大学時代のことで、まだ前妻とつきあう前のことです。秋田出身のものすごくかわいい女の子がいて、クラスが一緒でした。ある日、その子が前を歩いていた時でした。『吉川、あの子にちょっとコネをつけてくれないかな』と。それで、私はその子に近づいて、こう言ったのです。

『すみません。僕の友人の近藤があなたとちょっと話をしたいと……』

それで、近藤はその子と親しくなった。あいつは決して口はうまくない。女の人の前に行くと、あまりしゃべらないし、何かモゴモゴ呟《つぶや》くだけ。好きなのか好きじゃないのか、はっきりしない。しかし、なぜか女性の方が近藤に好意を抱いてしまう。あ

いつは男にはズバッとものを言うけれど、女の人には言葉を選んで、内容がよく伝わらないようにしゃべる。それが女性には効果があるんでしょうか」

女性に対して、どうにでも解釈できるような言葉でコミュニケートするのは、一般にモテる男のやり口ではないかと個人的には思う。彼は自分がモテることをわかったうえで、女性と話をしていた。モテない男は好きな女性を前にすると、すでにひるんでしまうから、余裕がない。近藤は余裕を持って、美しい女性と会話ができた。

また、近藤は他人を冷静に眺める視線を持っていた。大学を出て、NHKに入った吉川に対して、近藤は「お前はいったい、どういったアナウンサーを目指すつもりだ」と問いかけたことがある。

吉川はいまでも「あの言葉は忘れられない」と語る。

「私は『個性的なアナウンサーを目指す』と答えたんです。そうしたら、近藤から『ばかやろう』って言われました。続いて、『みだりに個性という言葉を使うな』と。個性的なアナウンサーとはあくまで他人からの評価であって、自分から個性的アナウンサーを目指すなんていうのは僭越《せんえつ》極まりないことだ、と。それ以来、私は個性的な生き方だとか、個性的アナウンサーだとか、個性的な何かというのは一切言わなくなりました。個性とは結果として滲《にじ》み出るものであって、自分から宣伝するべきものじゃないと。あいつにはそういった真実をつくところがあった。たとえば、当時の学生は僕も含めて、左翼的なものの見方をするのが当たり前だった。金持ちは悪で、貧乏が善。金持ちは悪いことをしている。貧乏人は正しいことをしているという見方でした。

ところが、あいつはそうじゃなかった。単純にブルジョワだとか、プロレタリアと区別してはいなかった。金持ちのなかにも弱者はいるし、貧乏人のなかにも強い者がいる。そういう眼差《まなざ》しを持っていた。だから、ベトナム報道でも単純にアメリカが悪で、北ベトナムが善という報道の仕方をしなかったんじゃないでしょうか。本当の弱者とは南ベトナムの庶民じゃないかと考えていたと思うんです」

吉川の体験にあるように、近藤紘一は一面的な見方をするジャーナリストではなかった。それで、彼独自のベトナム報道を確立することができたのである。

もうひとり、学生時代から近藤を知り、また亡くなった後、残された妻ナウと義理の娘ユンの面倒を見たのが大学同期の倉持貞雄だ。倉持は近藤と一緒にサンケイ新聞に入り、新潟支社に配属されたがすぐに退職し、その後、学研に入った。

「私たちが入社したのは東京オリンピックの前年（1963年）でした。オリンピック前年ということで、カメラマンが多かったのを覚えています。近藤は本当のところはフジテレビ志望でした。父親の臺五郎さんの関係でサンケイ新聞、フジテレビを牛《ぎゅう》耳《じ》っていた水野成夫に話をしてもらったんだと思います。ところが、その年、フジテレビは新人を採らなかった。ただ、アナウンサーの露木（茂）さんは入っている。同じ学年では露木さんひとりだった。どうやら、近藤は水野さんから、1年間はサンケイで我慢しろと言われていたようでした。つまり、彼は新聞記者になりたくてなったわけじゃない。仕方なくサンケイ新聞に入社したんです。

私は新潟支局で、近藤は静岡の支局。その後、彼はすぐに結婚しました。私は結婚式には呼ばれていません。1964年の秋、私は支局長とケンカしてサンケイ新聞を辞めました。考え方の違いでしょうね。辞めろというんで、じゃ、辞めますと言ってね。2、3年小さな出版社にいて、30歳の時、学研に移りました」

しばらく連絡がなかった近藤から久しぶりに倉持のところに電話がかかってきた。「近藤です」と名乗った後、「俺はサイゴンに行くよ」と。倉持が「いつ？」と聞いたら、「明日だ」と答えた。親しかったはずの友人たちにはサイゴン行き電話はしていない。近藤はどこかで倉持だけに頼る気持ちがあったのだろう。事実、再婚した後の近藤一家をずっと面倒見たのは倉持だった。

「親密になったのは近藤がベトナムから帰ってきてからです。それまでは特別に親しい間柄ではなかった。帰ってきて、大宅賞を取った後の近藤に僕は意見したんです。とにかく大宅賞をもらってから、やたらと雑文を書きまくっていた。私はやめろと言ったんですよ。同じことをあちこちに書いて、みっともないと。

そうしたら、あいつはこう言いました。倉持、実は、おまえだから言うんだが、問題はナウなんだ、と。金使いがすごく荒いんだ。近藤が言うには、ナウさんはホーチミンにいる親族にスリッパ何十足とか、薬を何十人分とか、ものすごい量を送る。そのためには金を稼がなきゃならない、と。要求が多くて、出て行く金が多くて、参ってるとそればかり言っていた。私にもよくわからないけれど、戦場になった国の民の、ベトナム人のひとつの特徴なんでしょうか。貨幣じゃなくて、モノなんです。ナウさんはモノにしか価値観を感じない人だった」

近藤が病死した後も、倉持は親身になってナウ、ユンの世話をした。ナウにはアパートを探し、フランスに留学したユンが戻ってきたら、自宅に泊めた。倉持には子どもがいないこともあるが、それにしても赤の他人に対して優しすぎるとも言えるかもしれない。だが、物事には逆の見方がある。近藤は倉持の優しさを見抜いて、妻と娘の面倒を見させたとも言える。

なぜ、私がそう感じたかと言えば、吉川精一から聞いたエピソードが頭にあったからだ。大学時代、近藤はガールフレンドにしたい女性を見つけると、「吉川、オレの代わりに声をかけてくれないか」と頼んだ。吉川が断らないと知っているからこその頼み方である。倉持の場合も同じだ。倉持が断らないことを知って、家族の世話を依頼したのだろう。

吉川も倉持も「近藤に言われたら、なんとなくノーとは言いづらい」と語った。だが、一般には、友人だからといって、何でもかんでも頼んだりはしない。

それでも倉持は優しいから、いまに至るも残された妻と娘に便宜を図ってやっている。

「ナウさんとはいまも連絡があります。パリではなく、南仏に移ったと連絡がありました。なぜ南仏へ移ったのかは、よくわかりません。だいたい、連絡は取っていますけれども、ナウさんについてはわからないことの方が多い。年齢でさえ、わからない。一度、『おいくつですか』と歳《とし》を聞いたことがあるけれど、『わかりません、ベトナムには戸籍がないんです』と。それ以上は私も聞けませんよ。

私は彼女のパリのマンションにも行ったことがあります。部屋のなかには近藤の遺影と前妻の写真、そして、ナウさんのお母さんの写真がありました。近藤とお母さんの写真は大きなもの。前妻の写真は小さなものでした」

近藤家にとって、長男紘一の結婚は歓迎すべきことだった。だが、あまりにもあっけなく嫁が亡くなってしまい、父母も弟の次郎も慰めようがなかった。そして、紘一は誰にも相談せずにサイゴン行を決めて赴任してしまう。

次郎は思い出す。

「兄がサイゴンに行ってしばらくしたら、母親あてに手紙があって、『ベトナムの女性にもきれいな人がいる』とひとこと書いてあったらしい。母親はその言葉にピンと来たんですが、親父の方は自分に言い聞かせるように、『いや、あいつは大丈夫だ』と……。ところが、案の定、兄貴は結婚すると言ってきたわけです。父親は頭に来て、一か月くらいは誰とも口を利かなかった。だが、兄貴は友達に頼んで戸籍謄本を取り寄せて、向こうで式を挙げちゃうわけです。

結婚はいいけれど、問題は兄貴がユンを実子にしたことでした。実の子どもでもないのに実子にしたから、兄が死んだ後、相続でこちらは苦労したわけです。兄貴とナウさんの間にできた子どもなら何も言うことはありませんが、ユンは連れ子です。それについても親父はショックを受けていましたね。『結婚するのは仕方ないけれど、そういった問題はきちんとしとけよ』と兄に注意したはずなのに……」

次郎の言うように、歓迎されない結婚だったが、突っ走ってしまった成人した息子を止めることはできず、黙認するしかなかった。そして、近藤はサイゴンから妻と娘を連れて帰国する。

「ふたりは逗子の家にも来ました。おふくろにとっては嫁だから、買い物に連れて行ったりもしたのですが、ナウさんはひとことも日本語がわからないんですよ。兄も絶対に教えようとしなかった。だから、言葉が通じないからケンカにもならない。おふくろとしてはお手上げ状態だった。

私が見ていてベトナム人の女性は強いと思いました。驚嘆したと言ってもいい。まったく言葉がわからない日本にやって来て、覚えようともしない。そして、うちの家に来て、1時間でも2時間でも、ひとこともしゃべらずにおふくろの隣に座っているんです。かえっておふくろの方が、神経を使ってストレスになっていました。こちらが日本的な感覚で長男の嫁と思っても、ベトナム人には何も関係ないんですね」

近藤自身は両親とナウ、ユンの軋轢についてはひとことも文字にしていない。文字にしようにも、もし、そんなことを本に発表したら家族関係はさらに悪化する。何でもかんでも自分のことを書き記す彼にしても、親と妻、娘を巡る微妙な空気については避けるしかなかったのだろう。

そして、近藤は発病した。

そのあたりの事情を弟の次郎はこう語る。

「私は大学を出て働いていました。兄ががんだったことは母親から電話で聞きました。『お兄ちゃんががんで、もうだめなのよ』と。母親の悲痛な声でした。親父はひとことも言わなかった。

私が親父の弟子の若いお医者さんから聞いたのは『不思議です。近藤先生が息子さんのがんを見損なったなんてことは考えられない。それくらいの名医で権威なんです』と。親父以上に後輩の医師の方が努力してくださった。それで年（1986年）を越すことができた。親父はもう疲労困憊《こんぱい》していましたね。息子ががんで手術もできない状態だということをいちばんよくわかっていたのだから」

彼の死後、ナウとユンは日本の国籍を持ちながら、日本に暮らすことをせず、フランスに渡った。

「ナウさんは兄貴が死んだら、もう日本では暮らせないわけです。日本語がまったくしゃべれないわけだから、仕事もできない。ユンもすでにフランスに行っていたから、

ナウさんは娘を頼りに渡仏するしかなかった。時々、ユンが結婚したといった便りはくれたけれど、いまではもう連絡もないですね。実は、最初の奥さんの時もそうだったんだけれど、兄貴は妻とたったふたりだけの世界を好む。家族も友人もシャットアウトして、ふたりの世界で暮らすんです。だから、兄貴とずっとつきあった友だちも吉川さんと神谷さん（故人）くらい。あとは仕事仲間として編集者の新井さん。社交的な人じゃないです。自分の世界が好きなんです。そして、妻や子どもは自分の世界の延長だったんじゃないかな」

近藤紘一という人の内面を的確に表しているのは弟の言葉だ。他の友人たちに聞いても、彼は前妻、ナウを隔離するようにして愛した。前妻の場合はこわれそうな人格だから、無防備に世間へ放《ほう》り出すのが嫌だったのだろうし、ナウの場合は日本に連れてきたけれど、本物の日本人にはなってほしくなかったと思われる。日本語ができないナウは近藤を頼るしかない。近藤は頼られる男としてナウとふたりだけの世界を構築したかったのではないか。

私は友人や弟の話を聞いていて、近藤紘一という人のイメージがやや変わった。初めて著作を読んだ時は「ずいぶんと大人だな。思索的な人なんだな」と感じたのだけれど、学生時代のエピソード、前妻の死からの再生、そして2度目の結婚の経緯を知ると、理知よりも情熱の人ではないかと思う。そして、やっぱり、お坊ちゃんだなと感じる。子どもっぽいというのではなく、たとえ困っても誰かが何とかしてくれると信じて振る舞っているように感じられる。でも、そんなややルーズな面があったから、ベトナム人の奥さんにも口やかましく言うことなく、軋轢を生まずに暮らしていけたのかもしれない。

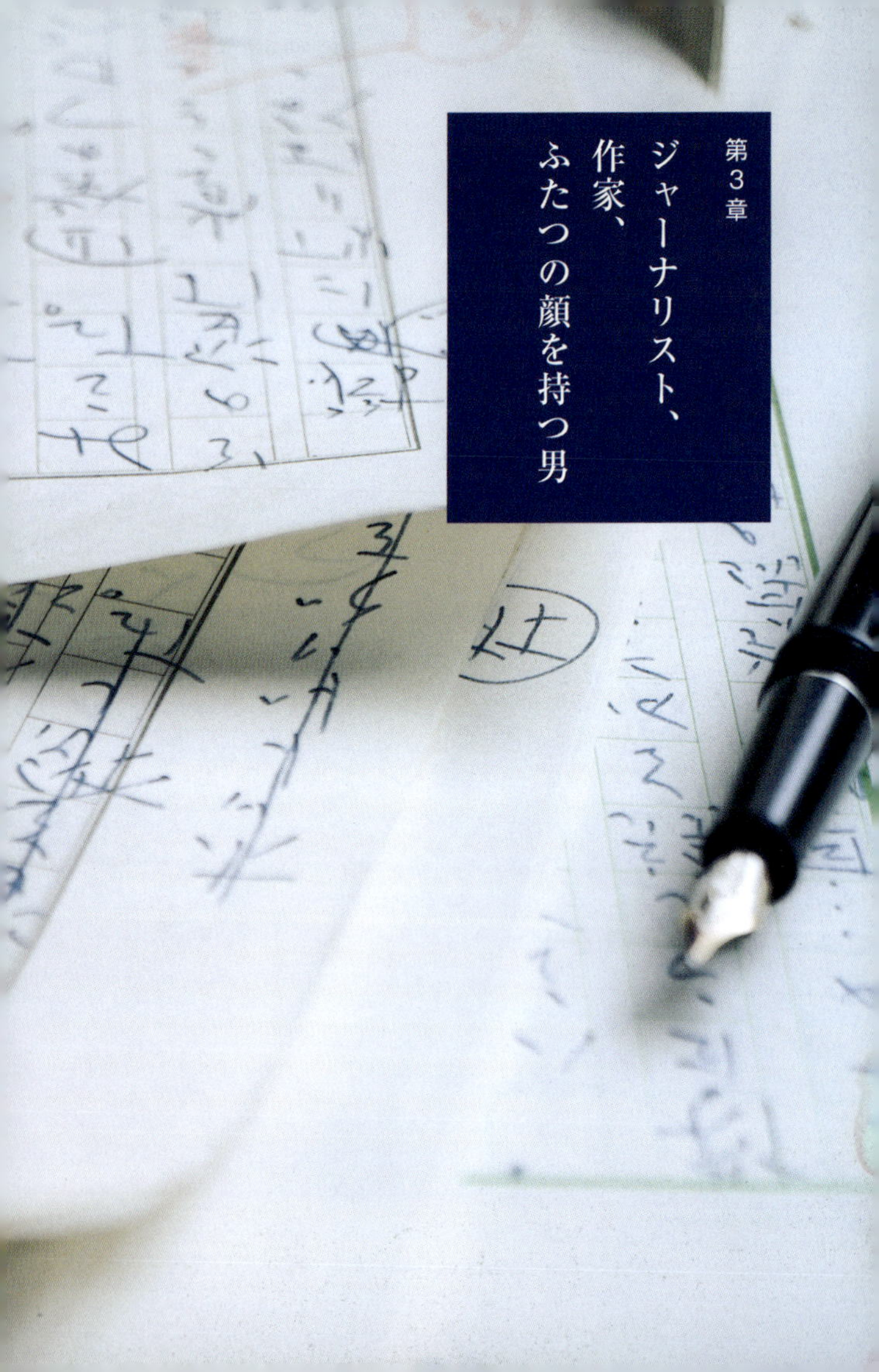

第3章

# ジャーナリスト、作家、ふたつの顔を持つ男

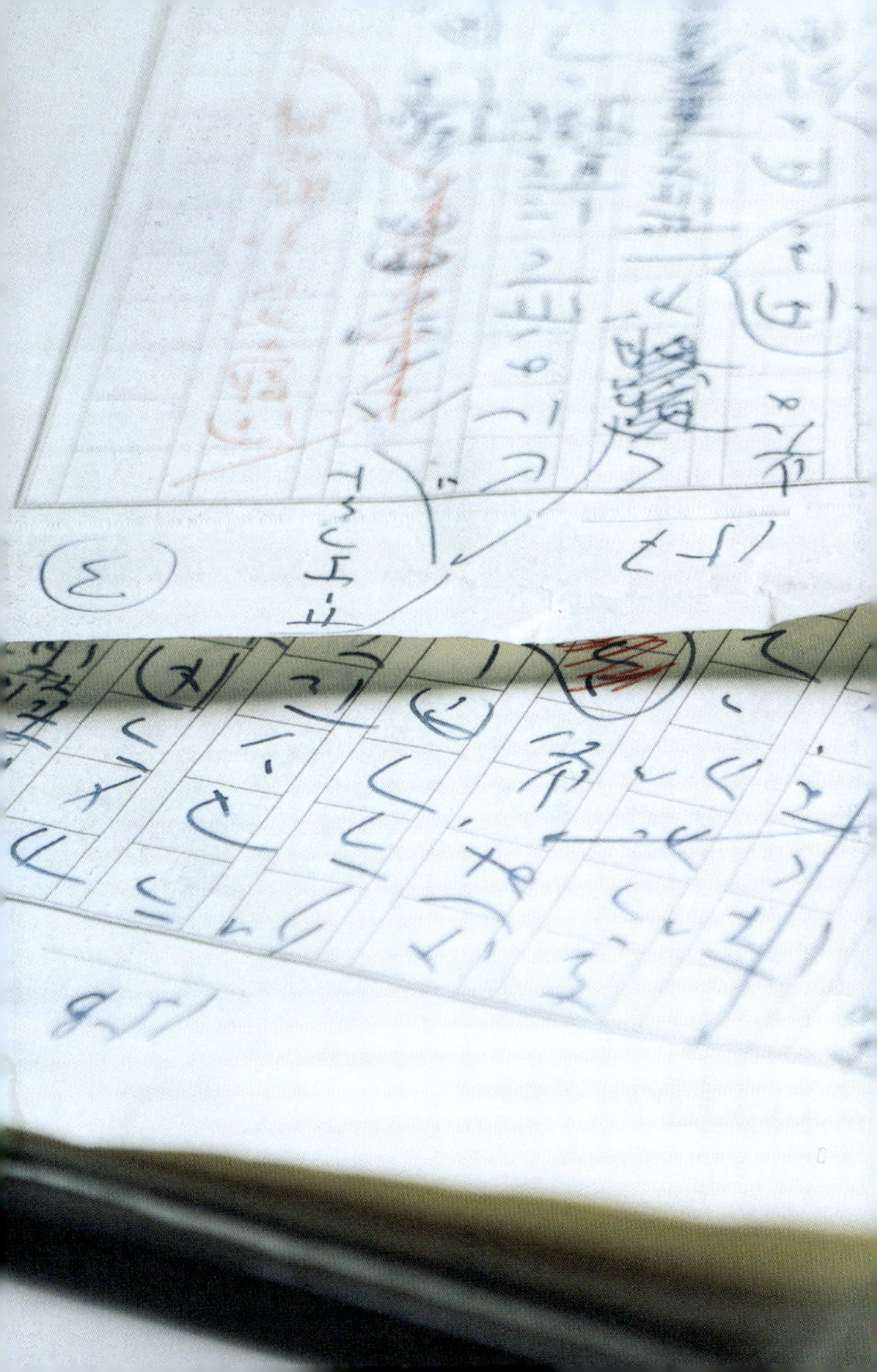

近藤は亡くなる直前まで作家、新聞記者というふたつの仕事を続けていた。そのうち、新聞記者としての姿を見つめていた後輩がいる。

佐野領、産経新聞の編集部長だ。佐野は早稲田大学に通っていた1984年から翌年まで、同社でアルバイトをし、国際報道部次長だった近藤の元にいた。その後、彼はサンケイ新聞に入社した。支局勤務の後、ニューヨークのコロンビア大学へ留学し、ブリュッセルに駐在した経験もある。

佐野が目撃した新聞記者、近藤紘一の執筆スタイルは、まさに身を削って書いているといった悲壮な姿だった。

「あの頃はパソコンもワープロもありません。近藤さんは机に座り、カーボン紙を3枚はさんだ原稿用紙にボールペンを打ちつけるように原稿を書いていました。そして、遅筆でした。明け方までうんうんうなりながら原稿を書いていたこともあった。あの頃、僕らがいた編集局の隣には鉛の活字を拾って原版を作る工場がありました。インクのにおいと煙草《タバコ》の煙が立ち込めた職場で、現在のようなクリーンで静かなオフィスとはかけ離れた環境だった。

近藤さんが記事を書き始めるのは夜中の2時頃でした。新聞各社には降版協定というものがあり、当時だったら、午前1時35分以前に入ったニュースまでが朝刊に入れてもいいことになっていました。それ以後、大きなニュースが入ったら、各社が話し合って降版協定の時間を延長しなくてはならない。だから、記事の執筆はどうしても深夜になってしまう。近藤さんはヘビースモーカーだったから、ハイライトを吸い、どろどろした甘いコーヒーを飲みながら机に向かっていた。筆圧が高かったのか、それとも気が高ぶっていたのか、ボールペンの先がぶるぶる震えていたのを覚えています」

佐野によれば新聞記者、近藤紘一は筆が遅かったという。一方、作家、近藤紘一を担当した文藝春秋の編集者、新井信によれば「原稿は早かった。万年筆で書いていて、書き直し、削除の跡も少なくなかった」とのこと。

新聞記事については苦労しながら、文字を刻むように書く一方、ノンフィクション、小説については材料に困ることもなく、次々と発想が湧《わ》いてきたということなのだろうか。執筆の様子を聞く限りでは、近藤は新聞記者よりも、作家としての仕事を楽しんでいた。

深夜の編集室で原稿を書き終え、一息ついた近藤は「おい、頼む」と千円札を佐野に渡す。佐野は新聞社の社員食堂へ行き、ハイライト2箱と缶ビール2本を買ってくる。煙草は近藤が吸い、缶ビールはお駄賃代わりに佐野が飲んだ。近藤は体質的にアルコールを受けつけなかったので、酒は一滴も飲めなかった。その代わりに、インスタントの粉末と砂糖を山盛り入れた甘ったるいコーヒーを胃に流し込むように何杯もお代わりしていた。

「煙草を買ってきた後、30分から1時間ほど、近藤さんは話をしてくれました」

当時、大学生だった佐野は『サイゴンから来た妻と娘』をはじめとする著作を読んだこともなければ、近藤が優れたジャーナリストだとも認識していなかった。佐野にとっての近藤紘一は、「アラン・ドロンを心からかっこいいと思っている中年のおじさん」であり、「オールバックの髪型で、痩《や》せている割に大食い」の人だった。そして、キザで、女性にモテる、べらんめえ口調でしゃべる……。つまり、舌鋒《ぜっぽう》鋭く社会悪を追及したり、特ダネ競争に血道を上げたりする、ステレオタイプの新聞記者像とは少し異なった印象の記者だったのである。

深夜の雑談のなかで、佐野がいまもなお記憶している話題は「ノンフィクションとは何か」だった。

佐野は言う。

「近藤さんは『ほんとうにあったことを書いているのか。話を作っているのか』と邪推されているんだと苦笑していました。むろん新聞記者ですから、創作が混じっちゃいけない、憶測が混じっちゃいけないと厳しく律しながら書いていたに違いありません。それでも、周りから見れば、近藤さんの原稿にはさまざまな噂話《うわさばなし》が混じっていて、しかもドラマチックで面白すぎるから、『フィクションじゃないか』と疑われたようです。

本人もそうした評価が気になったのでしょう。『目撃者』（注　近藤の新聞記事、ルポ、エッセイ、創作をまとめたもの）という著作にはノンフィクションとフィクションについての考えが記されています。

近藤さんは新聞記者としては一匹狼《いっぴきおおかみ》でした。新聞全体のことを考えるとか、自社の新聞にどう貢献するかなんてことは全く考えず、自分の書くべき記事はこれだと思い込む人でした。そして、近藤さんが書いた記事やコラムは訓練で作り上げた新聞記者そのものの文章ではなく、まるで小説みたいで、そして文章のなかに出てくる人間に対する愛情が感じられるものだった。私が思うに、普通の新聞記者とは違う取材の仕方をしていたのではないでしょうか」

佐野の証言に出てくる『目撃者』には、こうある。

「私はあるとき一つの文章を書いた。出来上がったものはノンフィクションと呼ばれた。最近、また一つの文章を書いた。こんどはフィクションと呼ばれた。前者では、執筆・作成にあたり、細工は施したが、少なくとも自らの体験・見聞から遠く離れた『嘘《うそ》』は書かなかった。後者ではこの枠を外した。（略）これまたたいそう口はばったい言い方になるが、文章を通じて人間の本質の不変的あるいは普遍的側面のようなものをまさぐってみたかった。その意味では私自身にとって、ノンフィクションとフィクションを隔てるものは単に方法論の違いにすぎない」

彼の定義では、見聞は書くけれど、嘘は書かないのがノンフィクションで、小説は「体験や見聞とは異なる」嘘を描いたものなのだろう。そして、ノンフィクションはあくまでも事実に即したものではあるけれど、細工を施したと主張している。

私はその言葉には嘘はないと信じる。ただし、彼が施した「細工を施した」とは何なのか。

私が彼の足跡を追って、関係者に面会したり、現地を訪れて確認した結果、「細工」には、ふたつあると思った。

ひとつは噂話の多用、および噂の発言者の出所をぼかしたり、変更したことだ。彼が書いた「面白い話」のほとんどは妻のナウや親族、および近所の人からのものだろうが、発言者の名前は書いていない。それは時の政府関係者が読んだら、迷惑がかかるようなことも含まれていたから、わざと出所を伏せたこともあるだろう。ただ、新聞記者、出版関係者にとってみれば、面白い話の発言者がいずれも匿名の人物であるのは「創作したのではないか」という疑いに結びつく。

もうひとつは人名だ。義理の娘ユンが結婚した相手、および家族の名前は実名ではない。その他にも、ベトナム人として名前の出てくる人のほとんどは実名ではない可能性が高い。文中に出てくる婚約者の名前などはプライバシーに属することだし、ベトナム人でも政府ににらまれるような人の場合は実名でなくても問題はない。しかし、前者については一応、「実名ではない」という断りがあってもいいのではないか。もし、新聞記事ならば、人名を変える場合は仮名といれるはずだ。つまり、彼がやったふたつの細工は新聞記事であればできなかったことに属する。

ただし、真っ赤なウソを書いたわけではないし、創作で埋め尽くしていることもない。

見たまま聞いたままをそのまま記している。ただ、事実や情報の取り入れ方が、本来の新聞記者の取材方法とは明らかに異なり、しかも、細工を施したこともあって、新聞記者仲間にとってはフィクションに見えてしまったのだろう。

私は彼が暮らしていたホーチミンのファングーラオ通りへ行き、現場を見たけれど、そこは庶民が寄り集まる猥雑《わいざつ》なところで、噂話が飛び交っていておかしくはない。近藤が聞いた噂がいまでも転がっているようなところだ。

ファングーラオ通りはホーチミン市内の中央部から歩いて15分ほどの距離にある。近藤が描写したように、下町のごみごみしたところだ。旅行代理店やバスの発着所があるため、いまでは各国からの旅行者が滞在する安価なホテルがいくつもある。市内では有数の規模であるベンタン市場にも近く、1日中、おかずや野菜を下げた住民が通りを歩いている。

前述のように、40年前、近藤夫婦と一族が住んでいたのは通りに面した3階建ての建物で、1階はナウが経営する食堂だった。彼はそこに妻、連れ子、妻のおじ、おば、親戚たちと3年近く暮らしていたのである。一族と食事を摂り、近所の屋台へフォーやバインセオ（お好み焼き）を食べに行き、近所に住む友人の家にも呼ばれて行った。ベトナム戦争のさなかで、戦争特派員だった近藤はその家を拠点として、戦場取材へ行き、南ベトナム政府高官の記者会見に出た。世界各国からやってきた新聞記者が外国人専用ホテルに寝起きしていた時、彼だけは下町の家にベトナム人と一緒に生活していたのである。

他の戦争特派員と近藤の決定的な違いは生活する場所だった。他の新聞記者にとっての取材とは記者会見に出ること、要人にインタビューすること、戦場のなるべく近くへ行くことである。だが、近藤には加えて一緒に暮らすベトナムの人々からの生の情報があった。庶民の話を聞き、庶民の食べるものを食べ、庶民の喜怒哀楽に寄り添った。サイゴンに暮らす人々の嘘のような本当の話をいくらでも聞くことができたのである。だから、彼の書いた話は面白く読むことができた。

また、彼は下町の家に暮らし、近所に住む人々を観察して、それを文章にしている。観察者として日本の文壇にデビューしている。しかし、現地で感じたことだが、実のところ、本当の観察者は彼ではなくベトナムの庶民だったのでは……。

私は近藤紘一こそ庶民から観察されていたと思う。なぜなら、ベトナム人しかいない場所に暮らす外国人ジャーナリストはおそらく彼ひとりだったからだ。ベトナム人

女性を愛人に持つジャーナリストはいたけれど、正式に結婚し、婿入《むこい》りしたのは彼くらいのものだ。ベトナムの庶民にしてみれば、相当に不思議な外国人だったのである。

想像してみるといい。

昭和30年代、東京の下町にアメリカ人記者が日本人の妻や親戚と日本家屋で寝起きしていたとする。近所に住む人々から見れば興味津々の存在だ。そして、最初こそ遠巻きにしただろうが、3年もともに暮らしていたら、「よう」と肩をたたきあう仲になっていただろう。

「あのガイジン記者が耳寄りな話を探している」と聞けば、近所のおじさん、おばさんはすすんでニュースを持っていったに違いない。

つまり、近藤は下町に暮らしているだけで、黙っていても、さまざまなニュースや噂を入手することができたのである。

たとえば彼の原稿にグエン・カオ・キという将軍の恐妻ぶりを示すエピソードが出てくる。将軍がふと美人に見とれただけで、横にいた将軍夫人が横っ面を数発、張り飛ばしたという話だが、文章の末尾に「おしゃべりのボディガードの口からサイゴンの下町に広がった」と記されている。こうした話はいくつも本のなかに出てくる。近藤は下町のカフェに座っているだけで、噂話をたくさん聞くことができた。それが作家、近藤紘一の「取材」だった。

庶民は決してバカではない。どこの国の庶民だって、相手のことを信用しなければ噂を紹介したり、面白い話を持っていくことはない。相手が大新聞の記者だから、謝礼をくれるからといって、上から目線の、態度がデカいジャーナリストに進んで話をする人間はいない。近藤が取材者として優れていたのは、ベトナムの庶民に愛され、信用されていたからだ。そして、彼もまたベトナムの人々をちゃんと愛していた。ナウと結婚したのは本を書きたいからでなく、愛していたからだった。

彼の目的は特ダネをつかむことではなく、記者仲間から敏腕と呼ばれることでもなかった。戦争の話ばかりが広まっているベトナムという国に生きる人々の目鼻立ちや考えていることを紹介したかった。だから、彼の文章にはベトナムとそこに暮らす人々への愛情が感じられる。

彼に限らず、一流のジャーナリストとは自分の身を投げ出して、相手に好かれる人のことだ。

佐野領が新聞記者、近藤紘一を間近に見ていた男とすれば、ノンフィクション作家、近藤紘一をずっと見守ったのが文藝春秋の元副社長で、担当編集者だった新井信である。新井が仕事をした作家のなかでも近藤紘一は特別の存在だったようだ。

「お墓探しから残された家族の相談相手まで務めざるを得なかった」と新井は語る。

新井が初めて近藤紘一という名前を雑誌のなかに見つけたのは近藤がベトナムから帰国した1974年のことだった。

「サンケイ新聞が出している月刊誌『正論』にベトナム式教育法という15枚ぐらいの記事があった。それを読んで、この人に書き下ろしをやってもらいたいと思ったわけです。それでできたのが『サイゴンから来た妻と娘』。あの当時はノンフィクションの全盛時代でした。当時は柳田（邦男）さん、本田（靖春）さん、上前（淳一郎）さんたちが活躍していて、ノンフィクション作家はとにかくファクツ（事実）を大切にしなきゃいかんとされていた。そんな時代に近ちゃんの書いた『サイゴンから来た妻と娘』、そして、沢木耕太郎が書いた『テロルの決算』が大宅賞を同時受賞したわけです。私にとってはどちらも担当した作品だから、忘れることはできません。そして、取り合わせとしては、沢木君の作品は取材によるノンフィクションで、近ちゃんのは物語的な体験と取材をミックスしたノンフィクションです。近ちゃんの場合は取材もするのだけれど、最終的には自分の家族の物語を中心に書いていくという方向に行きました」

新井が本人から聞いたところによれば、近藤はノンフィクションでは飽き足らずに、いずれは小説家になりたいと早いうちから方向を決めていたという。事実、彼は『仏陀を買う』（1984年）という小説を書き、中央公論新人賞を受賞している。そうして、よし、これから本格的な小説家になろうと思った矢先に、体調を壊し、入院。ついには帰らぬ人となってしまう。結局、彼が書いた小説は『仏陀を買う』1作だけだった。

新井は「近ちゃんがフィクションを書きたくなった気持ちはよくわかる」という。「彼が書いた新聞記事はどちらかといえば新聞記者の文章ではない。読物、企画物を得意としていて、ストーリーを書ける記者だった。だから、近ちゃんの書いたベトナム報告を見ても、他の新聞記者よりは物語的です。たとえば、同じベトナム報告でも、古森（義久）氏の文章は新聞記者としては正統派の文章で論評に近い。一方、近ちゃんのは論評ではなく物語です。

彼自身、将来は小説家としてやっていきたかったのでしょう。私には『会社を辞めて、妻にベトナム料理屋をやらせ、自分は小説を書きたい』と言っていました。

そして思うに、彼は小説家としてやっていけたんじゃないでしょうか。ノンフィクションの書き手は事実だけを書き、想像力を一切、介入させないという倫理観みたいなものを持っている。するとある時、自由に書いてみたいという気持ちが出てくるることがある。手足を縛られないで文章を自由に書きたい、イマジネーションを膨らまして、自由にものを書きたいという人が出てくる。

ただし、ノンフィクションと小説は別物だから、誰もが小説を書けるとは言い難い。とくに難しいのはノンフィクションライターは自分の裸の姿をさらそうとしないことでしょう。他人の裸についてはしつこいくらいに追求するけれど、自分や家族の姿は書かない。ところが、小説家とは、自分の奥さんだろうが、自分のいやな性格であろうが、すべて裸になって書かなくてはならない。自分自身をすべてさらけ出す覚悟がいる。ただノンフィクションライターにとってはそういったことは仕事の範疇《はんちゅう》ではないとも言えるのですが……どちらにせよ、近ちゃんの書いたものには彼や家族の裸の姿が出ている。だから、私は彼だけは小説家にもなることができたと思っています。司馬（遼太郎）さんが彼の作品を評価したのも、おそらくその点ではないでしょうか」

新井が説明したように、ノンフィクションライターがやることは自分自身の視点は排除して、取材で得た事実の断片でシーンを再現することだ。自分自身の内面を見すえる小説とはまったく違う創作物なのである。

ところが、近藤が著した『サイゴンから来た妻と娘』シリーズはノンフィクションでありながら、彼自身の内面の葛藤《かっとう》は出てくるし、妻ナウと義理の娘ユンはまるっきり裸の姿で登場する。近藤自身は亡くなった前妻についてくよくよ悩み、物欲のある妻は男好き。娘は学校の勉強についていくことができずに落第してしまう……。自分の家族についても見たままあるがままを書いている。創作者であっても人の子だから、普通はなかなかそんなことは書きにくいものだ。

しかし、ここでもまた、ひとつ盲点がある。それは、近藤が何を書こうが、妻も娘も日本語が読めなかったから、怒る気持ちにもなれなかったということだろう。

妻は日本語がわからないから近藤が書いた本を読まない。娘は長じて日本語を理解するようになったから、読もうと思えば読める。しかし、その時すでに近藤は亡くなっていた。そうなると、妻と娘は怒りようがないのである。そして、近藤は家族の裸の姿をさらしても、妻と娘は決して反応してこないとわかっていただろう。

ノンフィクション、小説を問わず、彼が書いた対象は家族とベトナムである。家族についてはできる限りのすべてをさらし、透徹した目で描くことで効果をあげた。では、もうひとつの対象、ベトナムについて、彼は何を考え、どのように描写したのだろうか。

近藤紘一の足跡を追う旅は家族、友人知人への聞き取りから舞台をベトナムへ移すことにする。思うに近藤を形づくったのは日本よりもベトナム、それもサイゴンだ。家族や友人のコメントをいくら集めても彼の輪郭はつかめるけれど本質には届かない。彼を見つめようと思うのならばあの頃のサイゴンといまのホーチミンシティに浸透しなくてはならない。

# 第4章 ベトナム報道

近藤紘一を形作ったのは、日本での経験や文筆の仕事よりもベトナム、東南アジア、そしてパリにおける生活だった。特に社会人になってからを顧みると、大学を出て亡くなるまでの約23年間のうち、パリに2年、サイゴンに4年、バンコクには5年間暮らしている。帰国後もサンケイ新聞の外信部に属していたから、日本に住んでいても海外出張が続く生活だった。社会人になってから半分以上は海外で暮らしていた人なのである。

最初の目的地は昔のサイゴン、いまはホーチミンシティと呼ぶ。同地についての話を始める前に、まず近藤紘一が現地へ赴任した理由であるベトナム戦争について少し背景説明が必要だろう。

ベトナム戦争と呼ばれるものは冷戦以前のアメリカ、ソ連、中国という東西両陣営が関わった代理戦争だった。

第二次世界大戦が終わり、日本軍が占領していたベトナムから撤退すると、フランスはふたたび植民地支配を始めた。それに対してベトナム人が作ったベトナム独立同盟（ベトミン）は独立を求めてフランス軍に抵抗する。

ベトミン側に付いたのがソ連と中国で、フランスを応援したのがアメリカだった。1954年、フランス軍はディエンビエンフーで壊滅的な打撃をこうむり、敗色が濃厚になる。そして、同じ年、ジュネーヴ協定が成立する。

ジュネーヴ協定とはベトナムを南北に分けることを決めたもので、北緯17度線よりも北側を社会主義を信ずるベトナム民主共和国とし、南側をアメリカが支援するベトナム共和国とするものだった。だが、人為的に決めた国境だから、そのまま永続するはずがない。また、南ベトナムではアメリカの支持するゴ・ディン・ディエム政権が独裁政治を行い、南北を統一する選挙を拒んだ。そのため反政府の人々は南ベトナム解放民族戦線（ベトコン）を結成し、政府を打倒するために立ち上がり、内戦状態となった。一方の北ベトナムはソ連と中国の援助を受け、南北ベトナムの統一に乗り出した。

アメリカは次第に南ベトナム政府への援助を強めていき、最終的には一度に50万人の兵士を送り込む。だが、ベトコンそしてベトコンを応援する北ベトナム軍はゲリラ闘争を続け、アメリカ軍を苦しめた。

アメリカ軍にとって取り返しのつかない失敗だったのは、農民とベトコンゲリラの区別がつかなかったため、村を焼き払ったり、村民を射殺したことだろう。そのため、国際世論はアメリカの戦闘行動に対してノーを突きつけ、アメリカは国際ジャーナリズムの世界で敵役となった。それまで経験した戦争ではアメリカはつねに市民を解放する側にまわっていたのが、初めて市民を抑圧する軍隊として定義され、非難されたのである。アメリカ軍は１９６５年からは北ベトナム爆撃（北爆）を開始、北ベトナム軍やゲリラが潜む森林を爆撃する。森林に枯葉剤を空中散布し、木々を枯死させる環境破壊を行ったことも国際世論にはマイナスだった。

北爆で農村は破壊され、多数の人々が死傷したが北ベトナム軍の戦闘意欲は衰えず、南ベトナムではベトコンが勢力を拡大した。一方で、テレビや写真を通じて戦場の悲惨な様子が知れ渡ったアメリカでは都市を中心に反戦運動が起き、徴兵を忌避する若者も出てきた。

１９６８年、アメリカは北爆を停止し、パリ和平会談にふみきった。その後、北爆が再開されたものの、73年には、和平協定が成立し、アメリカ軍はベトナムから撤退。

75年に北ベトナム軍の全面攻勢が始まり、南ベトナム政府軍は圧倒され、総崩れとなり、首都サイゴンは陥落する。翌76年に南北は統一され、ベトナム社会主義共和国が成立した。

ベトナムにとっては兵士と市民を合わせて300万人もの死者が出た戦争だったが、それでも、歴史上初めて戦闘でアメリカに勝った国となった。対してアメリカにとっては歴史上初めての敗戦だから意気は上がらない。そのうえ国内では反戦運動が起き、また、「大義のない戦争」から帰ってきた兵士たちは無力感にとらわれる。恐怖から か戦場で麻薬を用いた兵士は帰国後も継続して使用し、大きな社会問題となった。また、自分たちが撒《ま》いた枯葉剤による健康被害を訴える兵士も出てきた。ベトナム戦争以前のアメリカはゴールデンエイジを満喫していたのだが、戦後、同国は戦争による後遺症を引きずる憂鬱《ゆううつ》な気配に包まれた。

アメリカはベトナム戦争で大きく変わったのである。

当時の日本の新聞を眺めると、国際ジャーナリズムの流れに乗って、アメリカを非難する記事が主流だった。記者たちは「反戦平和」「民族自決」という、ふたつの原則を元に記事を書いていたけれど、本心ではベトナム人がアメリカ帝国主義に抵抗するストーリーを支持していた。北ベトナムとベトコンを持ち上げ、南の市民もそれを支持していると暗示していたのである。

一方、サンケイ新聞サイゴン支局長の近藤紘一はその図式に違和感を抱いていた。現地で取材した結果、南ベトナムの庶民は北ベトナムやベトコンにシンパシーを感じていないとの確信を持ったのである。当時、大半の新聞は、「サイゴンおよび南ベトナムに暮らす人々は北ベトナム軍による解放を待ち望んでいる」と疑うことなく書いた。しかし、現地の事情を知る近藤はその意見に対して明確に反対した。

「そんなことはない。サイゴンの庶民は統一には反対していないけれど、北ベトナム軍による解放は望んでいない。それどころか北ベトナム軍に対しては反発を感じている」とまとめた。そして、新聞記者、近藤紘一は「南ベトナム庶民は北ベトナム政府を好きではない」と書いた。

その頃の論調からすれば反動であり、アメリカ帝国主義の味方ともささやかれてしまう。ただ、本人は自分の考えに圧倒的な自信を持っていた。

なぜ、そこまで彼は他の記者とは違う意見を書くことができたのか。

もっとも大きな理由は再婚した妻ナウや親族と暮らし、日々の交流から、北ベトナムと南の人間は気質、考え方が明らかに違うことを感じ取っていたからだ。また、彼が出会ったサイゴンの住民はいずれも共産主義に対して恐れや疑いを抱いていた。だから、庶民の本音を率直に記事にしたのだが、それが新聞に載ったとたんに「近藤はアメリカの傀儡《かいらい》である南ベトナム政府寄りの報道をしている」と批判されてしまうのだった。

いま考えれば、彼の方が客観的でまっとうだったのだけれど、当時は通用しなかった。「アメリカ、南ベトナムは悪で北ベトナムが正義」という新聞の常識が確立していたのだろう。サンケイ新聞と近藤の意見は異端派で、知識人たちからは反共保守派と思われていた。論調が一色に染まりやすい日本のマスコミのなかで、自分が信ずる意見を守り通すことの難しさがここに表れている。

ただし、戦争後に起こったことを見れば、近藤の観察の方があきらかに正しかった。サイゴンの人々、北ベトナムの統治を嫌う中国系ベトナム人、自由主義を信奉するベトナム人、富裕層、ビジネスマンといった人々は、統一後、北ベトナム政府の統治を嫌って次々に国外へ脱出していった。ボートピープルとして南シナ海へ乗り出していった人々たちもその一部であり、脱出した人々とその家族は世界中に300万人以上も散らばっている。

さて、没後、編まれた本『目撃者』には、ベトナム戦争のさなかに彼が書いた記事が収録されているが、うち8割までは政治、軍事情勢の報告だ。だが、数は少ないけれど、ベトナムの様子を切り取った『武器に囲まれた庶民の平和』（1971年12月11日）、『「国の女王まつり」に空前の100万人』（1973年6月2日）といった記事もある。

また、サイゴンが陥落した翌日（1975年5月1日）の記事中でも、彼は避難していた日本大使館から外出して、町の様子をルポしている。

「『革命政府軍は女性の派手な服装を許さないのではないか』という前評判が市民の間に広まったため、日ごろあでやかなサイゴン女性も、この日はほとんどがきわめて地味な服装。解放前は人目をひくミニスカートや、濃いメーキャップの女性の姿が目立ったラムソン広場周辺も、簡素な柄のアオザイやスソの狭いパンタロンといったスタイルだけが見られた」

北ベトナム軍のT54型戦車や装甲車が展開するなか、近藤はサイゴンの通りを歩いて、女性の服装観察をしていたのである。戦場の写真を撮り、兵士から話を聞くのも報道だろうけれど、女性の服装を観察したり、庶民と世間話をして本音を探りだすことも、立派な報道だ。しかし、当時のマスコミや評論家はそうした彼の姿勢を「あく

まで軟派なやつ」と苦々しく思った。

陥落日の前後、彼は町に出て、風景や庶民を眺めている。

「(注　サイゴン大学前) 広場の周囲の豪壮な邸宅のへいや壁は深紅のブーゲンビリアの花で覆われている。強烈な熱帯の花の色彩、高い真っ青な空——。その空に突き刺さるように伸びるタマリンドウの緑の巨木。

ジリジリ照りつける太陽。それに身をさらしてものうい南国の真昼時を過ごす。ベトナム人から『ばかではないか』と、よくいわれたが私はそうするのが好きだった」(75年4月29日　私のサイゴン日記)

「(注　カラベルホテルの) ロビーに集まってきた外人記者の一人から、市場の前に死体が一つさらしてある、と教えられた。私はそれを見ておこうと思った。町はラッシュ・アワーだった。旧駅前のバス・ターミナルには勤め帰りの中年男や、OLたちの行列が渦をまいていた。公務員への職場復帰命令がかなりいきわたっていることがわかった。

駅前に店をならべたソバや揚げものの屋台も、客でいっぱいだった。エビやカニやブタ肉をふんだんに添えたベトナムうどん (注　フォー)。夕食ではなく、食道楽のサイゴン娘にとっては、帰宅前のちょっとした腹ごしらえなのだ」(75年5月2 - 4日

同上）

ふたつの記事を見ると、彼の関心の持ち方がわかる。サイゴン陥落という歴史の転回点に出会った一般の新聞記者は勝者である北ベトナムと敗者の南ベトナム政府関係者から話を聞きとろうとしただろう。むろん、彼も少しはそれをやった。だが、彼の視点は政府の上層部がしゃべる建前論よりも、歴史的瞬間における町の風景や人々にフォーカスされていたのである。

# 第5章 あの頃の、それぞれのサイゴン

では、近藤がいた前後のサイゴンはいったい、どういった町だったのだろうか。その頃を知る、特別な経験をしたひとりの日本人に様子を聞いた。

現在、原宿で「鳥伝」という焼き鳥屋を経営している熊谷知意太はちょうど当時のサイゴンにいた。1968年末から69年末までで、近藤が駐在するやや前のことであり、共産側がテト攻勢を起こした頃だ。ベトナム戦争がもっとも激しかった時期で、熊谷は戦争の真っただ中にいた。彼は生まれも育ちも純粋の日本人なのだが、アメリカに留学していたために、徴兵され、サイゴンのヘッドクォーター（司令部）及び周辺の基地に暮らしていた。戦場に連れて行かれ、友人が撃たれた現場にも立ち会っている。近藤たち戦争特派員がいた場所よりも、はるかに血なまぐさい現場にいた男だ。

ではなぜ、日本人である彼が徴兵されたのか。それは、当時、アメリカにいる人間が永住権や市民権を取ろうと思えば、兵士になるのが近道だったからである。もっとも、熊谷の場合は市民権が欲しかったのではなく、「アメリカ軍の兵士」という身分を体験してみたかったからだ。その頃、同じような理由で徴兵事務所に登録しに行った日本人は熊谷の知る限りふたりいた。だが、うちひとりはアメリカ国内の基地勤務、もうひとりは西ドイツ（当時）の国境警備隊所属、そして、なぜか熊谷だけはベトナム最前線の基地へ行かされたのだった。

熊谷は思い出す。

「徴兵されるといっても、どうせアメリカ国内だろうと思っていたんです。僕は日本人だし、日本人をまさかベトナムの戦地へ送ることはないだろう、と」

彼の考えは甘かった。訓練こそアメリカ国内で行われたが、それが済むとすぐに南ベトナムにあったビエンホアの空軍基地に連れていかれた。

「ビエンホアにいたのは短期間で、その後、サイゴンのヘッドクォーター、周辺にあったドゥクワ陸軍基地でクラークタイピストをやっていました。まあ、事務係ですから、四六時中、戦地に行ってたわけではないんです。でも、兵隊の給料を持たされてヘリコプターで最前線まで行ったことはあります。砲声、銃声は聞きましたが、人間相手に撃ったことはなかった。オレは戦場へ行かなくていいのかと聞いたら、上官から言われました。『お前は英語の命令を聞き取れないから、すぐに置いていかれてしまう。置いていかれたら死ぬしかない。わざわざ死ににいくことはない』とのことでした」

さて、そんな熊谷が見た当時のサイゴンである。

「僕は日本の終戦後、子どもだったから、戦争直後の東京をよく覚えているわけではない。しかし、あの頃のサイゴンは焼け野原の東京と同じだった。高いビルはないし、中心部以外の道路は舗装されているわけでもない。なんといっても、そこらじゅうに水牛の糞《ふん》が落ちていて、クサいんだ。サイゴンというと、思い出すのは水牛ですよ。昔の日本の田舎と一緒。ひなびたところで、何にもなかった。ベトナム人の男はみんな黒いズボンとサンダル。女性はみんなアオザイを着ていた。他の服は見たことがない。全員、大人も子どもも女性はアオザイ姿でした。

僕は兵隊仲間とは早くこんなところから帰らなきゃならないといった話ばかりしていた。だいたい僕らが行く場所といえばサイゴンのなかでも決まったところだけなんです。司令部と宿舎のホテルを往復するだけで、その他のところへ行くには外出許可がいる。アメリカの軍服を着ているわけだから、いつ撃たれてもおかしくない。たまに出かけていったのはベトナム人ホステスがいるバーです。映画の『地獄の黙示録』に出てくるみたいなところ。そこで時間を過ごす。日本人、アメリカ人の新聞記者には会ったこともなかった。僕らが知っているジャーナリストは『スターズ・アンド・ストライプス』の人間だけです。

結局、私の印象に残っているサイゴンは大きな街路樹があって、埃《ほこり》っぽくて、水牛の糞の臭《にお》いがする町。道は土だった。雨が降ると泥んこになる」

近藤の著作からは戦争当時ですらサイゴンは美しく感じたという評価だが、それはあくまで日本人から見た印象に過ぎない。アメリカ兵の目から見たら、ベトナムは遅れた国、農業の国だった。

熊谷はそういう国で1年以上、北ベトナム軍およびベトコン（南ベトナム解放民族戦線）と戦ったわけだが、「絶対に勝てない」と確信していたという。

「負けるべくして負ける戦争だと戦友たちは口々に言っていました。軍の上層部だって、勝ったところで、それでどうするんだと思っていたんじゃないでしょうか。ベトナムを占領したいなんて思っていたアメリカ人はひとりもいませんよ。誰も真剣に戦う気なんかなかった。だからといって、アメリカ国内の反戦運動を気にしていたことはない。反戦運動はニューヨークとかワシントンとか、ごく一部の都市の、ごく一部の人たちだけがやっていた運動ですから。前線にいる僕ら兵隊のところには伝わってこない。僕らが読む新聞は軍か発行する『スターズ・アンド・ストライプス』だけなんです。いまと違ってインターネットもなかったし、アメリカ国内の様子なんてまるでわからなかった。

僕ら兵隊は勝っても負けてもいいから、とにかく早くアメリカへ帰りたかった。兵隊たちにしてみればベトナム戦争は日本やドイツと戦った時の大義名分がないわけだから、どうでもいい戦争だった。戦ってはいたけれど勝つ気がしない、ベトナムにはいたくないと思っていた。それが兵隊の本音です。だって、60年代のアメリカって、いちばんいい頃ですよ。テレビドラマの『パパは何でも知っている』に出てくるような豊かな国で、音楽もファッションもなんでも最高だった。僕もそれにあこがれてアメリカへ行ったわけだから、ベトナムにいるのは嫌だった。

アメリカって、すごい国なんですよ。基地にいれば、すべてアメリカなんです。映画館は作るし、芝生は植えるし、ボウリング場はあるし、食べ物はすべてアメリカと同じもの。だから、サイゴンの町へ出ていって、屋台のフォーを食べてもちっともおいしいとは思わなかったし、サイゴンの町に魅力なんか感じなかった」

近藤たち戦争特派員にとってサイゴンはアジアの異国情緒のある町だった。しかし、アメリカ人にとってみれば水牛の糞の臭いがする田舎だったのである。また、日本人であり、アメリカ人である熊谷にとってみれば、「サイゴンは日本の田舎よりちょっ

とまし」な程度だった。

思うに、近藤と熊谷の感想から推測すれば、当時のサイゴンは東京には及びもつかないけれど、日本の片田舎よりは進んだ町といったところだろうか。

熊谷の次に話を聞いたのはアメリカ兵としてベトナムに来たギルバート・シンプソン。シンプソンは1940年、アメリカ、バージニア州生まれである。バージニアはワシントンDCのすぐ隣にある州だ。ギルは戦時、サイゴンに10年いた。2006年、ベトナム人の妻とふたりでベトナムに戻り、いまは市内に暮らしている。ギルは時折、アメリカ人観光客を相手に、「ギル・シンプソン・ツアー」と呼ぶ、戦時の思い出の場所をめぐる徒歩のツアーを主催している。私もそのツアーに参加して、彼がいた1964年から75年までの往時のサイゴンの話に耳を傾けた。

ツアーの前に握手をしたら、「ギルと呼んでくれ」と言われた。そういうところがアメリカ人である。73歳だが、もっと年上に見えた。「膝《ひざ》が痛い」と言いながらも、ホーチミンの町をツアー（参加者は私も含めてふたり）の先頭に立って歩き出した。

「24歳の時にエアフォースの輸送機メカニックとしてサイゴンにやってきた。ドラフト（徴兵）ではない。空軍の学校で整備を学んでいたから、そのままベトナムだった。

サイゴンでは2年間、空軍にいて、その後、妻と結婚したこともあって退役。8年間は軍属として働き、最後はダクストンホテルの地下にあったインターナショナルクラブで働いていた」

ギルはそれだけ言うと、「じゃあ、ツアーへ」と先に立って歩き出した。コースは彼が働いていたダクストンホテルで待ち合わせて、サイゴンリバーを右手に川岸の通りを歩き、ハイパーチュン通りへ。その後、ブリンクスホテル（現パークハイアット・サイゴン　市内最高級ホテル）跡地を経て、元のCIAビル（現民間アパート）、南ベトナム大統領官邸（統一会堂）、市博物館を経て、またダクストンホテルに戻るといったもの。おおよそ1時間30分の行程である。

「サイゴンに来た頃、アメリカの兵士は1万6000人しかいなかった。だが、翌年には16万人に増えた。あの年　市内の通りはアメリカ軍の軍用車、トラックで混雑していたし、しかも、フルスピードで走っていた。道を横断するのでさえ命がけだったんだ。

サイゴンの建物の高さはせいぜい6階建てくらいまでだった。フランス人が作った美しい町で、水道、電気などのインフラも完璧《かんぺき》だった。ただし、熱帯の都市だから、ハエ、蚊、ネズミにはずいぶん悩まされた。そう、私が来た頃にはまだフランス人もたくさん残っていたな。植民地時代にベトナムのゴム農園で働いていたという人間が多かった。なぜかほとんどがコルシカ人だったね。コルシカはフランスのなかでも南の島だったから、島で生まれた人間はベトナムの風土に適応しやすかったのだろう」

道路を歩きながら、思い出を語り、ギルはしばしば出会う友人にあいさつした。青の制服を着た初老のセオム（バイクタクシー）ドライバーとはベトナム語で話し込み、背中をポンと叩《たた》いてから歩き出した。

「あいつは元ベトコンの兵士だ。一生懸命戦ったけれど、戦争が終わってからはセオムかシクロのドライバーくらいしかやることがないんだ」

現パークハイアット・サイゴンの前で、足を止め、敷地の芝生に立っている記念碑を指さした。

「1964年のクリスマスイヴにベトコンが自動車に積んだ爆弾でブリンクスホテルを爆破し、アメリカ兵がふたり殺された。ベトコンの狙《ねら》いは兵士ではなく、その日、宿泊していたボブ・ホープだとも言われている。ボブ・ホープはタカ派で有名なコメディアンだったから」

ひとつの建物の前に来ると、歴史的事実と当時の彼の状況、町の様子を付け加える。歩いている時間よりも、話している時間の方がはるかに長い。

たとえば、当時、1ドルは公式には78ドンだったが、実勢は160ドンで、1ドルあればベトナムのビールを16本飲むことができた。それほどドルの価値は高く、アメリカのウイスキー、タバコ、コルゲート歯磨きなどはベトナム人が手に入れようと必死になる商品だった。兵士たちはPXで安く買ったそういったアメリカの商品をブラックマーケットに横流しして儲《もう》けた。ベトコンのテロがあるか、もしくは空港が襲われたこともあったが、市内にいる限りは総じて平時と変わらない暮らしを送ることができたという。

1975年、サイゴン陥落の後、ギルはアメリカ本土に戻ったが、その後、ハワイへ。デューティーフリーショップに勤めながら、ベトナム人の妻と暮らした。退職後、ふたりはホーチミン市に戻ることを決める。

なぜ、戻ることにしたのか。

「オレは町がどう変わったのか、見たかった。そして、サイゴンにオレの思い出がまだ残っているかどうか、この目で見たかったんだ」

妻は病気で体が不自由だという。ハワイにいれば悠々と過ごすことができたにもかかわらず、夫は妻と一緒に生まれた国へ戻ることにした。

「30年ぶりに戻ってきて、びっくりしたことがある」

彼はニヤッとした。

「銀行のATMを見て驚いた。携帯電話を持つ人を見ても驚いた。衛生状態が良くなって、ハエや蚊が少なくなった。いちばん驚いたのはアメリカ風のスーパーマーケットに入っていった時のことだ。棚に『Buy one, get one free』と大書してあるんだ。いやはや、アメリカン・ウェイ・オブ・ライフだよ。アメリカがふたたびサイゴンを占領したんだ」

ふと真剣な顔になったギルが打ち明けた。

「実は戻る前にひとつだけ心配なことがあった。私がアメリカ人だから街頭で会った市民から、何か嫌なことを言われたり、罵声を浴びせられたりするんじゃないかと気がかりだった。だが、帰ってきて数年になるけれどただの一度も嫌味を言われたことはない。ベトコンだったセオムのドライバーだって、友人だ。一緒に酒を飲む。ベトナム人は寛大な心を持っているんだよ」

さて、もうひとり。東京に暮らすグエンはサイゴン生まれのベトナム人女性である。1967年にサイゴンで生まれ、15歳の時に難民として来日した。日本語を学び、4年制大学を卒業。いまは日本とベトナムを結ぶビジネスに従事している。

彼女の父と兄は日本にやってきてから近藤紘一夫妻と知り合った。彼女自身は面識はない。だが、日本語を自由に読めるようになってから、『サイゴンから来た妻と娘』シリーズを読んだ。彼女に限らず、日本に来たベトナム人にとって、近藤紘一の著作は一度は目を通す本になっている。ベトナム人にとっては、日本人がベトナムを見る視点を教えてくれる貴重な教科書だからだろう。

「兄も私もサイゴン人として近藤さんには感謝しています。反戦という視点でしか報道しなかった日本のメディアのなかで、唯一、彼だけが南ベトナムの人々を公平な目で見てくれました。南ベトナム政府が負けてからも近藤さんのスタンスは変わらなかった。サイゴンとサイゴン人を愛してくれた人です。ただ、奥さんについては少し印象が違います。兄はナウさんのことを快く思っていなかったようで、『モノやカネをねだってしまう人』と言っていました。

それにしても、近藤さんは天才だと思う。あの人が書いたサイゴンの描写を読んでいると、私が知っていた幼い頃のサイゴンの姿が脳のなかに生き返ってくる。街路樹、屋台、路地の風景……、あまりに生々しくて……。びっくりしました」

彼女にとってサイゴンとホーチミンは違う町だ。サイゴンは思い出のなかにある美しい町で、名称が変わったホーチミンはいまもって「北ベトナム政府」治下の首都なのだ。そして、サイゴン人とはベトナム戦争前にその町に暮らしていた人間のことであり、ホーチミンの住民とは明らかに異なる。つまり、彼女はサイゴンとホーチミンのふたつを厳然と区別している。

「近藤さんがいた頃のサイゴンは品のある町でした。私は8歳でしたけれど、町と人の美しさをよく覚えています。母や姉は外出する時は必ずアオザイを着ていました。サングラスをかけ、コンパクトなクラッチバッグを持ち、パールのネックレスをつけて、きれいなパンプスを履いて出かけていったものです。町を行く男の人たちは白いリネンのスーツにピカピカの靴。シャツは半袖《はんそで》だったけれど、ネクタイはタイピンできちんと止めてていた。

いま、ホーチミンの人たちはアオザイを着なくなっているようです。昔は女学生の制服でしたけれど、いまはそういう制服は少なくなっています。

陥落直後のことです。私がアオザイを着て道を歩いていたら、交通整理をしていた人から『帝国主義の服装だ』とののしられました。当時の役人は交通違反でなく、おしゃれしている人をつかまえて罵倒するのが仕事だったのです。社会主義者は傍若無人な態度で、美しいサイゴンを品のない町に変えてしまったのです。

いまのホーチミンにはサイゴン人はいません。おそらくホーチミンにいる人の8割は陥落の後、もしくはドイモイ（1987年　刷新政策）の後、ベトナムの各地からやってきた人々です。もし、本当のサイゴン人に会いたいのなら、カリフォルニアへ行くのが正しいのです」

いまも彼女はホーチミンへ出かけるようだが、話しぶりからは「昔の方が美しい町だった」と感じられる。思い出となったこともあり、郷愁が美しさを倍加させているのかもしれないが、その土地で生まれた人にとっては格別のものなのだろう。それにしても、近藤、熊谷、グエンの3人が一致したのは街路樹についての感想である。3人の印象は異なるにせよ、ホーチミン（サイゴン）の街路樹は誰にとっても記憶に残るもののようだ。

さて、彼女が語ったもうひとつの忘れられない記憶はサイゴンが陥落した日（1975年4月30日）のことだ。

グエンの父親は情報省の役人だった。陥落前夜は南ベトナム政府の役人だったが、敗戦を悟ったズオン・バン・ミン大統領が私利私欲に走るのを見て嫌気がさし、仕事を辞める。父親は一家10人を連れて国外へ出る準備をしていた。

「出国は5月5日でした。その頃まではサイゴンは陥落しないと父は思っていたのです。ところが4月28日の朝、テレビが突然、『南北は兄弟だ』という放送を流し始め

ました。それを聞いて、私たち家族は放送局が北側の手に落ちたと感じ、サイゴンに北の軍隊がやってくるのも間近だと怖くなりました。当時、サイゴンはマーシャルロー（戒厳下）でしたけれど、警官がいなくなっていたから泥棒でいっぱいだった。無法者が他人の家から家具やテレビ、冷蔵庫を持ち出しているのを私たちはベランダから眺めていました。

私のうちは5階建てで、比較的大きく、しかも堅牢にできていたので、親戚《しんせき》やドライバーの家族まで、大勢の人たちが集まっていました。母は抗日、抗仏、インドシナ戦争と、戦争には、もう慣れっこになっていたから、戦局が煮詰まってきたら、何をすべきかをよくわかっていた。米軍のＰＸへ行き、オイルサーディンの缶詰とインスタントラーメンを大量に買い込んできたのです。私たち家族と避難してきた人々はみんな、外に出ないようにして、ラーメンとサーディンで食いつないでいました」

戦後、グエンの父親、家族は辛酸をなめた。ただ、彼女の長兄が横浜に留学していたために、難民申請が通り、来日することができたのである。

彼女は来日するまでの詳しい話はしたがらなかったが、昔のサイゴンについての話だけはいつまでもやめようとしなかった。

「サイゴンは光の明るい、美しい町でした。ハノイのように、暗くて湿気の多いところではありません。明るい光だからこそ、おしゃれが映えるのです。女性がおしゃれをして歩くことのできる町、それがサイゴンです」

熊谷知意太、ギル・シンプソン、グエン。日本人、アメリカ人、ベトナム人のそれぞれのサイゴンだ。近藤紘一がいた頃のサイゴンとはそんな町だった。

サイゴンがホーチミンと改称されたのは1975年5月1日のこと。北ベトナム政府はサイゴンが陥落した翌日　すぐに町の名前を変えた。ホーチミンという名前にすることはサイゴンに突入する前から決めていたのだろう。彼らは1973年にパリ協定を締結し、アメリカ軍が撤退するとわかったとたん、遅かれ早かれ南ベトナム政府は崩壊すると確信していたと思われる。

# 第6章 ホーチミン風景

54-Z3
1643

思い出のなかのサイゴンではなく、改称された現在のホーチミンという町はどうなっているのか。

初めてタンソンニャット空港に降り立ち、タクシーで市内に向かう間、私の頭にあったのは近藤紘一が書いた文章の一節だった。近藤はベトナムの自然について、ため息をもらすようなひとことで描写している。

「南国の自然は、圧倒的だ」と。

そして、続く。

「西洋人は自然を征服し、日本人は自然と調和しながらこれを利用する、といわれる。(略)少なくとも農耕民族の日本人にとっては、自然対人間の力関係は圧倒的に自然に有利であった。邪魔な木なら切り倒せ、という積極的発想は長い間生まれなかった。むしろ、その木の姿を歌におり込んで、風流に転じた。

それでも、自然を客体とし、風流の対象として眺めるだけの余裕はあった。それだけ、まだ相手がおとなしかったからだ。これにくらべると、熱帯の自然はケタ違いに仮借がない。まったく、あの、いっさいのニュアンスを許さぬ光を、暑さを、豊かな水を、伐られても焼かれてもみるみる再生してあたりを緑に覆いつくす森の生命力をなんと表現したらいいいか、と思う」（『サイゴンから来た妻と娘』）

現在のホーチミンを訪れて、誰もが感じるのは日差しの強烈さと緑の豊かなことだ。確かに、圧倒的な自然の力、太陽光線の強さである。

ホーチミンは1年を通して晴れの日が多く、昼間の気温は摂氏30度を超える。シャワーのような雨が降るのはたいてい夕方だ。観光に歩く昼間の間はつねに強い日差しがついてまわる。もし、街路樹がなかったら、陽《ひ》のあるうちはとても外を歩く気にはならないだろう。

ありがたいことに湿度はそれほど高くないから、街路樹の木陰に入れば、一息つくことができる。ホーチミンの場合、街路樹は町の美観のためではなく、日差しを避けるシェードとして不可欠なのだ。近藤、熊谷、グエンがそれぞれ街路樹について「忘れられない」と語るのは、町を歩いていると、街路樹とその日陰を意識せざるを得ないからだ。

市内と周辺の緑を見て回ったところ、主な街路樹は3種類だった。もっとも多く植わっているのがタマリンド。長さ1センチ、幅3ミリくらいの小さな葉っぱが集まって、ひとつの葉の形になっており、まるで傘を広げたように枝を四方に伸ばしている。私の取材に同行してくれたベトナム語通訳は「タマリンドは成長が早い。虫が少ない。葉っぱが小さいから道路に落ちても掃除がしやすい」と言った。そして、「しかも、果実は酸味があるから、ベトナム料理の調味料にもなる」。

タマリンドの次に目につくのが高さ十数メートルにもなる堂々たるアフリカンマホガニーである。元南ベトナムの大統領官邸でいまは統一会堂と呼ばれている市の中心にある建物の周りに多く植えてある。

「どうだ。マホガニーを街路樹にしている町は世界中でサイゴンくらいだ」と通訳は胸を張っていたが、確かに、高級木材が街路樹になっている町は他には聞いたことがない。マホガニーが町なかに植わっているのを見たのは初めてだったから、近くによって木肌を触ってみた。「鉄よりも硬い」と言われる木だけに、拳固《げんこ》で殴ったら骨折しかねない硬さである。そして、マホガニーが成長するには時間がかかる。ベトナム戦争の時、サイゴンでは大きな戦闘がなかったから、マホガニーは焼き払われたり、伐採されたことはない。ホーチミンの歴史を見下ろしているのが背の高いマホガニー

N-3199
72

の街路樹だ。

3種類目はチャイニーズオークと呼ばれる樫《かし》の木である。木の高さはタマリンドとマホガニーの中間で、葉っぱはこんもりと茂っている。葉の量に比べて、木陰が少ないので、チャイニーズオークが植わっている道は歩いている人が少ない。

市民が好むのはなんといってもタマリンドだ。太陽光線を遮ってくれるだけでなく、木の風情がいかにも南国なのである。そして、細かい葉っぱを通した木洩《こも》れ日がゆらゆらと揺れる。木洩れ日の動きを見ていて飽きないのがタマリンドである。

街路樹の木陰には暑さを避けた人々が佇《たたず》み、ミネラルウォーターを飲みながら、汗を拭《ふ》いたり、または濃いベトナムコーヒーをすすったりしている。私もフランス風のカフェに入り、練乳の入ったベトナムコーヒーを頼んだ。ウエイターは歩道の木陰に小さな椅子《いす》を置き、ここで飲めと手真似《てまね》で教えてくれた。タマリンドの葉を通した木洩れ日のなかで、そよかぜにあたりながら甘いコーヒーを飲むのは悪くなかった。

突き抜けた青空、強い日差し、オレンジ色の火炎樹、深紅のブーゲンビリア、真っ白なジャスミン、そして、タマリンドの葉っぱが風にそよぐ姿がいまのホーチミンのごく一般的な街頭風景である。そして、街路樹のある風景だけは近藤がいた頃もいまもまったく変わっていない。

ホーチミンを訪れた人は誰もが道路を埋め尽くすオートバイの大群に圧倒されるだろう。人口730万人のホーチミンには500万台のオートバイがあるというから、ひとりで2台持っている人も稀《まれ》ではない。そして、オートバイの次に目に入ってくるのは中央郵便局などフレンチコロニアル様式の建物群だ。往時、東洋のパリと言われただけに、フランスを思わせる建物がいくつも残っている。

現地で話をした駐在経験10年を超える日本人ビジネスマンはこう言っていた。

「道路、水道、電気など、市内のインフラは長らく整備中です。郊外にある工業団地は最新設備だけれど、ホーチミンにはまだまだ昔のままの施設がたくさん残っている。かえって、ハノイの方が新しくなっているでしょう。それにしても、バンコクや上海に比べればホーチミンの風景は変わっていないと思います」

ただし、変わっていないと言いながらも、私が出かけた3年間の間でさえ、ホーチミンの風景は様子を変えていた。なかでも、変わったと感じたのは町を歩く人の姿である。年配の男性、女性の服装は3年間でそれほどの変わり様ではなかったが、若い男女の着る服は年ごとに向上していった。イミテーションのブランド服だったものが、ファストファッション、アメリカンブランドの服に様変わりしていたのである。しかも、彼らは汚れたり、古くなったから捨てたのではない。流行遅れになったから着なくなったのである。洋服の流行が顕在化したのだ。もうひとつ、町のなかの変化はオートバイの群れにも表れている。初めて行った2010年には洪水のように押し寄せてくるオートバイを避けながら道路を渡らなければならなかった。ところが、2013年になると、多いとはいえ、オートバイが減りつつあると感じた。その分、自動車が増え、車はクラクションを鳴らしてオートバイを蹴散《けち》らす。数は多いけれど、オートバイは遠慮がちにしている。少し前まで自転車を駆逐していたオートバイが車に追い回されているといったところだろうか。

ホーチミンの交通事情は改善されつつある。観光客が増えているから整備しているのだろうが、信号が交差点に設置され、人々の交通マナーは良くなった。ホーチミンは変化のなかにある。

そして変化の主体は若者たちだ。

市内には朝から晩まで町のなかをオートバイに乗った若者が群れとなって走り回っている。フォーの店、カフェ、スタンドバー、ライブハウス……、どこへ行っても目につくのは若い男と若い女の姿だ。そして、公園、路地、動物園に行けば子どもたちや10代の少年少女が遊びに来ている。いまのサイゴンを訪れた人たちが口を揃えて

「活気のある町」と表現するのはどこへ行っても若者と子どもの姿が目につくからだ。

統計を見ても、同国の人口約8900万人のうち、30歳以下の数は54%。それに比べて、日本は人口1億2700万人のうち、20代以下の比率が29%にすぎない。日本よりも人の数が少ないのに、若者や子どもは1000万人近くも多い。

ベトナムを訪れた日本人がハワー、成長や変化を実感するのは若い人や子どもが町に溢《あふ》れているからであり、しかも、朝早くから活動しているからだ。思えば昭和30年代の高度成長期、日本中の路地では子どもたちがケンケンや縄跳びをしていたし、昼は中学や高校を出たばかりの若者が出前や御用聞きで町のなかを自転車で疾走していた。ホーチミンを走りまわるバイクの群れや彼らが作りだす活気を見ていると、高度経済成長期の日本の姿がほうふつとしてよみがえってくる。

ホーチミンの人々に日本の高度成長期を感じた理由は誰もが日の出前から活動しているからだ。仕事に困らず、働けば働くほど金が入ってくるわけだから、もったいなくて眠ってなどいられないのだろう。早朝、ホーチミン市内を散歩すると活気ある人たちと出会う。特に活気が渦巻いているのが公園だ。ホーチミンへ行ったら、必ず夜明け前に公園を訪ねてみるといい。

朝の5時前のことである。私が足を向けたのはファングーラオ通りに面する9月23日公園だった。あたりはまだ漆黒の闇《やみ》なのに、芝生の上にはCDデッキが据えられ、大音響のディスコミュージックが流れていた。暗いなか、実に100人を超える人々が音楽に合わせて朝の5時からジャズダンスを踊っていたのである。いずれもレオタードを着用し本格的な装いだ。闇のなかでレオタードの大群衆が動いているわけで、私が思い浮かべたのは、マイケル・ジャクソンのビデオクリップ「スリラー」に出てくるゾンビのダンスである。あれにちょっと似ている。公園の一角ではリーダーの動きに合わせてレオタードの女性たちが慣れた動作で腰を振り、尻を回して、そして足を蹴りあげるのである。真剣な様子で、活力がみなぎっていた。

公園で運動していたのはジャズダンスのグループだけではない。太極拳のグループもいれば、ベトナム歌謡に合わせて踊る人々もいた。胴着を着て空手の稽古《けいこ》に励む集団もいた。芝生の上で、通路で、運動器具が置いてある場所でと、それぞれの集団が公園の一角を占拠して、闇のなかで身体を動かしていた。公園の通路にネットを張って、バドミントンの試合をする人もいれば、「シャトルコック・キッキング」というバドミントンのシャトルを蹴鞠みたいに蹴りあう東南アジア独特の競技も盛んだった。そして、運動していた人たちは陽が射してくると身体を動かすのをピタッとやめて自宅に戻る。太陽の光が出てくると退散するところはゾンビというよりもドラキュラかもしれない。しかし、彼らは闇が好きなのではなくて、陽が射してくると気温が急上昇するから運動などしていられないのである。自宅に戻った人々はそれぞれシャワーを浴び、9時前には仕事場にいる。

ホーチミン取材では名所旧跡や新しい開発地区、最新のショッピングセンター、外国人が集まるナイトクラブなど、さまざまな場所を巡ったけれど、そうしたものは上海、バンコクにも似たようなものがある。だが、払暁に大群衆がジャズダンスを踊ったり、バドミントンを行うのはホーチミンだけだ。

ベトナムのいまを見るには成長企業を訪ねたり、夜遅くまでにぎわう繁華街を散歩するのもいいだろう、しかし、私がホーチミンとそこに住む人々の無闇な活力を感じたのは朝の太陽が昇るまでの1～2時間に極端な熱意を込めて汗を流す姿だった。

世界の勤勉な人々は国を問わず、朝早くから夜遅くまで仕事をする。しかし、ベトナム庶民はそれだけでは足りずに出勤前に健康を追求している。庶民の間にいれば彼らが生活のなかで何をやっているのかがわかる。私がホーチミン取材で試みたのは近藤がやった庶民のなかへ分け入っていく手法の再現だった。

私が最初にホーチミンで探したのは近藤紘一が描写した庶民たちだ。彼らはどこに集まっているのか。庶民がいるところはどこなのか。

町のなかを歩きながら観察したところ、食品市場とその周辺がもっともにぎやかで、多くの人々が声を張りあげ、食事をし、土産物を観光客に売りつけていた。ホーチミンにはデパートやスーパーマーケットもあるけれど、どこかよそよそしい。ことにデパートはできたばかりということもあって、スマートフォンを持った富裕層がショッピングに来ているけれど、庶民はまずいない。人々は相変わらず、市内各所にある昔からの市場で買い物をしている。

ホーチミンには中心部にベンタン市場、少し離れたファングーラオ通りの端にタイビン市場、そして、中華街であるチョロンにビンタイ市場、アンドン市場がある。そのうち、もっとも人が密度濃く集まっているのがベンタン市場だ。ガイドマップには「ホーチミンの中心は人民委員会庁舎」と書いてあるけれど、実際に現地に行ったら、町の本当の中心はベンタン市場だとひと目でわかった。人民委員会庁舎や統一会堂はあくまで市の象徴であり、役人と観光客がいるだけだ。だが、ベンタン市場には土産物売り、観光客、ビジネスマン、タクシー運転手、怪しげな風体の何をしているかよくわからない人たちもいる。つまり、庶民だ。庶民が集まっている。彼らは日がな一日、

食事をしたり、買い物をしたり、練乳入りのベトナムコーヒーを飲んで、話し込んでいたりする。観光客だとひと目でわかる格好で市場のなかを歩いていると、袖を引っ張られたり、目の前に立ちふさがれたりと商人たちに羽交い絞めされる感じである。

市場をひと回りした後、私はすぐ近くの大衆食堂「ドンニャン・コム・バーガー」に入った。ここもまた庶民がいる店だ。「ドンニャン」はベトナムの家庭料理を出す店で、1階と2階が客席。60人が一度に食べられる。2階には回廊のようなテラスがあり、そこからは道を行く人を眺めることができるし、風も通る。私はそこに席を取り、あらためて1階に下りた。店先に並んでいるおかずを選ぶためだ。

おかずは大きなボウルに入って、テーブルの上に並んでいた。豚肉のロースト、雷魚の揚げ物、空芯菜の炒め物、詰め物をした苦瓜《にがうり》のスープといったもので、つねに40種以上ある。おかずを指さすと店員がご飯、スープをつけて、客のテーブルまで運んできてくれる。テーブルはアルミの簡易テーブルで、椅子も円形のスツールだ。むろん、混んできたら相席である。

おかずはどれも炒めたり揚げたり煮たもので、すべて加熱してある。冬でも気温が30度になるホーチミンでは生ものはいたんでしまう。そのせいもあるのだろうか。日本ではベトナム料理というと、生春巻きが出てくるが、現地の庶民が利用する食堂、屋台ではあまり見かけなかった。見かけたこともあるけれど、すすんで食べたくなるものではなかった。

私が選んだおかずは次の通りである。豚肉の角煮、苦瓜スープ、白身魚の唐揚げ、なすのしぎ焼き、白菜炒め、油揚げのカレー煮とビール2本。ご飯、スープがついて、日本円にして400円程度。量もたっぷりあって、味つけはヌクマムと塩と味の素。調味料は安いものではないから、少ししか使わない。薄めの味つけである。同じ東南アジアでも、タイやカンボジア料理と違って辛みが効いているわけでもない。なすのしぎ焼きはまさしく日本のそれと同じで、しかも炭火で焼いて、皮をきれいに取ってある。惜しいのはしょうが醤油《じょうゆ》ではなく、ヌクマムをかけてあるところだったが、それでも大満足の食事だった。

まわりに座っていた客はビジネスマン、OL、市場で働く人々である。観光客もみかけたが、いずれも日本人で、西洋人の姿はなかった。フォーやバインセオの店には西洋人は堂々と入ってくるが、ドンニャンのような大衆食堂では何を選んでいいのか見当がつかないのかもしれない。

食事の最後、ベトナムの人たちはスープのなかにご飯を投入し、即席のおかゆみたいにして食べていた。真似してみたけれど、思えば昭和の時代、日本でもご飯に残った味噌《みそ》汁をぶっかけて食べていた。あれとおんなじだと思った。

そして食事が済むと、それこそ全員が楊枝《ようじ》を使う。若い女性も例外ではない。楊枝で歯の隙間《すきま》をつつきながら話を続けている。その様子を私がじっと眺めたからといって、彼女たちは顔を赤らめたりはしない。

ドンニャンに限らず大衆食堂では、みんな、おかずをたくさん頼み、ご飯をかきこむ。しかし、すべてを平らげるわけではなく、ほとんどの人が少しは残す。英語をしゃべる食堂の主人に聞いてみたら、ベトナムでは「1日3食の他に、フォーやバインセオを軽食として食べるから、お腹《なか》いっぱいになるまでは食べない」。

ドンニャンはベトナムではごく一般的なスタイルの食堂だ。大衆向けだけれど、床やテーブルが汚れているわけでなく、きれい好きの観光客が食事をしても何の問題もない。そして、思うに、近藤ナウが経営していた食堂とはドンニャンのような店だったのではないか。近藤はそうした庶民が相席しながら食事をする店の一角に座り、庶民が話していた内容を妻に通訳させて聞いていたわけだ。

私は長い時間、ドンニャンの2階テラスから通りを眺めていた。つくづく感じたのは「もはやアオザイを着る女性はいない」という事実である。近藤、熊谷、グエンが

いた頃はアオザイ姿の女性しかいなかったのが、いまや市内のどこを歩いていても、民族衣装のアオザイを見ることはない。女性、男性を問わず、Tシャツあるいはポロシャツ姿の人が圧倒的に多い。日本でも和服を着て歩く人が滅多にいなくなったのと一緒で、いまや世界中の庶民は民族衣装ではなく、カジュアルファッションに身を包むようになったのだろう。

唯一、ベトナム独自の服を着こなしているのは市場、屋台、小さな個人商店で働くおばさんたちである。おばさんたちだけはベトナムでしか見ることのできないエスニックな衣装に身を包んでいた。パジャマみたいな上下が一対になった服で、ドーボーという。

ホーチミンで在ベトナムの日本人女性が編集している無料誌『サイゴン ノオト』にはドーボーについての解説が載っていた。

「ベトナムの女性はアオザイを着ているものと思っていたけれど、じっさいに街で目にするのは、上下おそろい柄のややボディフィット系パジャマ!?といえるもの。(略)『これはね、ドーボーよ』と、市場のおばちゃんが教えてくれました。ベトナム語でDO=もの、BO=おそろいの、という意味どおり、ドーボーは同じ柄の上下セット。部屋着であり、パジャマにもなり、作業着でもあり、近所への外出着にもなるベトナム女性の普段着です」

伝統衣装のアオは服の意味で、ザイは長い。だから、アオザイは「長い服」。確かに、アオザイは裾《すそ》が長くなっていて、なんとも色っぽい。それに比べると、おばさんたちのユニフォーム、ドーボーはいかにもぺらぺらで安っぽく見える。私はどこかの安売り屋で叩き売りしているのだろうと思ったが、着用している人に尋ねてみたら、「ちゃんと仕立てています」とのこと。申し訳ない推測をしたと反省した。

ドーボーを仕立てるには、それぞれが好きな布地を買って持っていき、仕立屋が採寸して仕上げる。無地はまずない。花柄あり、アニマルプリントあり、チェックあり、エトロのようなペイズリー柄もある。日本から行った女性観光客はアオザイを仕立てる人が多いけれど、ひとりくらいドーボーにトライする人が出てきてもいいのではないか。日本で街着として着るには勇気がいるだろうが、パジャマにはなる。私はドーボーこそベトナム庶民の民族衣装だと思う。

ドーボーを着用しているいないにかかわらず、町を行く女性たちを見ていると、素顔の人がほとんどである。また化粧が浸透していないから、素顔に口紅を引くくらいだ。ただし、ごくたまに街頭で女性モデルが写真撮影しているのに出くわすと、これでもかというくらいの厚化粧をしている。まったく化粧をしていないか、もしくは極端な厚化粧かのふたつしかない。しかし、何度も書くようだが、高度成長期の日本でも同じような状態だった。あの頃基礎化粧品はあったけれど、町のおばちゃんたちが使っていたとは考えにくい。それと同じようにベトナムの女性もいまはあまり化粧品を使用していないが、いずれはさまざまな化粧品の洗礼を受け、美しく変わっていくのだろう。

近藤紘一は著書のなかで妻を引き合いに出し、「ベトナム女性は強い」と結論づけている。ホーチミンに行く前から、私はその点だけはなんとかして確かめたいと思っていた。ただし、直接、ベトナム人女性をつかまえて、「あなたは気が強いのですか」と聞いてまわるわけにはいかない。

そこで近藤夫妻のような日本人男性とベトナム人女性のカップルを探した。探してみると、そうしたカップルはちゃんといた。ただ、いるにはいたのだけれど、日本人の夫は私とふたりならあっけらかんと「うちの女房は強い」と語るのだが、活字になると告げると、とたんに元気がなくなる。匿名でもいいんですよと伝えても、「それは困る」の一点張りである。要するに、悪口を言ったことが女房にバレるのがこわいのだ。家庭内の事情を他人に公開したくはなかったのである。

「それなら仕方ないか」とベトナム人の奥さんについては取材をあきらめることにしたのだが、食事に出かけたホーチミンの日本料理店で興味深い記事が載ったフリーペーパーを見つけた。それは、在ベトナムの日本人向けに発行されている情報ガイドで、『ビナBOO《ブー》』という。私が興味深いと感じたのはベトナム人妻と結婚した日本人男性が書いたエッセイで、タイトルは「ベトナム恐妻日記」。著者プロフィールは次のようになっている。

「著者、事情により匿名のYさん。
在ベトナム16年目。日系損保ホーチミン支店に勤務。
ベトナム人女性と結婚し、13歳の娘と6歳の息子あり。
日々妻の機嫌をうかがいながらビクビク生活する46歳」

ここまで詳細に記してあれば、狭い日本人社会では素性はわかってしまうのではないか。

では、Yさんが載せた記事のなかから夫婦関係、性の話題について紹介する。

「エピソード10　深夜にさまよう夫たち
開放経済を採り入れ、日系企業が雪崩《なだれ》をうって進出した1995年以降、ベトナム人と結婚した日本人の数は年を追うごとに増えてきました。そんな国際結婚組の可哀想な日本人男性は互いに集まり、愚痴を言い合い、境遇を慰めあうこともしばしば。

時々、閉めだされてタイルの上で寝る羽目になる、という話をしたところ、友人のAさんも体験談を語ってくれました。

Aさんの奥さん（注　ベトナム人女性）は非常に気が荒く、ある晩、Aさんと口論になった際、Aさんが掛けていたメガネをひったくって、窓から外に投げたそうです。Aさんは、これは大変、と外に取りに行きます。一方、奥さんはAさんが外に出るとすぐに家中の鍵をすべてロックしてしまいます。深夜になっても鍵は開けてくれず、同居している奥さんの家族もまったく助け舟は出してくれません」

「エピソード11　ベトナム版　阿部定事件
ベトナムでは、浮気が発覚して大事なところを奥さんに切り落とされる気の毒な男性が、毎年全国で何十人もいるそうです。あまりにもそんな事件が多いため、当地の病院ではその接合手術において、多くの経験を有しています。おそらくその分野では日本より技術が高いのでは。あるケースでは、接合手術を受けた経験のある男性が、再度の浮気で2回目の切断被害にあった、ということです。家族も慣れたもので、すぐに氷で冷やして病院に持ち込んだ、とか。無事接合。

さて、私の妻も、『浮気をしたら、切る』、と常々言っています。ここで重要なこと

TORAY

は、『本当の浮気でなくても、疑われただけで、切られる可能性がある』、ということでしょう」

「エピソード14　アメリカ土産

ベトナム戦争終結後、アメリカに移住したベトナム人は１００万人単位で存在し、その子供、孫世代も含めるとアメリカには巨大なベトナム人コミュニティが形成されています。（略）

さて、オハイオ州クリーブランドに住むおばさん（妻の母方の叔母）が久しぶりにベトナムに帰ってきました。（略）

海外からの帰国となれば、なんと言ってもお土産です。（略）

おばさんの姉妹2人（いずれも50歳台《ママ》）への今回の土産は、なんと『おとなの玩具』でした。ベトナムではこの種の玩具は公序良俗に反するということで、製造も販売も許されていません。そういう意味では非常に希少価値があり、事実、みんなは見るのも初めてで興味津々。触ったり動かしたりしながら、ワイワイガヤガヤと緊急家族会議に突入です。

そんなもの持ち込んで恥ずかしくないのか、という私の問いに対し、『アメリカでは普通』『夫婦で使っている人もいっぱいいる』とのお答えでした。すばらしい。さすがアメリカを生き抜いてきたおばさんです。実地で習得した英語もエクセレントで、私はマジ尊敬しています。

でも、ひとつだけお願いがあります。我が家に泊まっている間は、そのおもちゃ、絶対に使わないでね。（音も気になるし）」

どうだろう。ここにあることはすべてと言っていいくらい、近藤が取り上げた話題だ。気性の荒いベトナム人妻についての話、性に関する噂話、性についての日本人とベトナム人の感じ方の違い……、いずれも『サイゴンから来た妻と娘』シリーズではつねに読者から支持された話題である。いったい、日本人男性とベトナム人女性の夫婦関係とは、常に女性が優位になるのだろうか。もっと言えば、ベトナム人女性は妻にすると、そんなにコワいのだろうか。

近藤の本と「ベトナム恐妻口記」を読んで、少し考えてみた。どちらも多少の誇張はあるにせよ、実際にあった話だろう。

そういうことならば、近藤の妻ナウ、このエッセイに出てくるベトナム人妻のどちらも気性は荒く、性に関してあっけらかんとした関心を持ち、夫の浮気を許さず、親戚には大量の土産を届ける……！。

だが、すべてのベトナム人女性が全員、このふたりと同じように「夫のあそこを切り落とす」ことに熱心なタイプとまでは言えないような気がする。それに、日本人、ベトナム人を問わず、気性の荒い女性もいれば優しい女性もいる。

ただ、ひとつ言えることがある。外国人の男性と結婚する女性は親や兄弟の思惑よりも、自分の意思を大切にするタイプだろう。明確に意思を主張する自恃《じじ》の精神を持った人だと考えられる。そして、そういった女性ならば国籍を問わず、しいていえば強気な人ではないだろうか。きっと好奇心が強いだろうし、他の国の文化を許容するだけの理解力も持っている。夫婦ゲンカをしたら、夫はかなわない。気が強いとも言える。

結局、私にはそこまでしか追求できなかったから、「ベトナム人女性は気が強い」と言い切ることはできないと思った。

だが、3度目にホーチミンへ行った時、ある話を聞いた。教えてくれたのはホーチミンに住む日本人の女性である。

彼女は既婚。夫は日本企業から派遣され、ベトナムで仕事をしている。夫妻の前任地はインドネシアで、タイにもよく出かけている。東南アジアには10年以上も暮らしている。その彼女が「東南アジアのなかではベトナムの女性がいちばん気が強い」と断言した。

「ハノイに行った時のことです。乗っていたタクシーの運転手さんが携帯電話を放さずにハンドルを握っていたから、危ないし、なんか気になるなあ、と。そして、時々、車が接近しているわけでもないのにクラクションをプップーッと鳴らすんです。私はどうして電話を切らないのか、聞いてみました。

運転手さんはこう答えたのです。

妻が嫉妬《しっと》深いんだ。仕事をしている最中に『あなた、ちゃんと仕事してる？　浮気してるんじゃないの？』と電話をしてくる。『お客さんを乗せて走ってるよ』と答えたら、『本当なの？　ほんとに仕事をしているの？　じゃあ、その証拠にクラクションを鳴らしてみなさいよ。これからは30分に1回は鳴らすのよ』と言われてる」

嘘のような話だけれど、これは実話だ。だから、いまでは私も信じている。ベトナム人女性は気が強いことを。

# 第7章 ミセス・ユンの家で

近藤紘一がナウの一族と3年近くを過ごした家があったのはベンタン市場から近いファングーラオ通りだ。

現在、ファングーラオ通りの片側は「9月23日公園」になっていて、もう一方の側は旅行代理店、バックパッカー向けのホテル、コーヒーショップ、パブといった店が並んでいる。

近藤が住んでいた1970年代初めは次のような様子だった。

「彼女の家は、大道に面した長屋作りの町家です。階下は一族の寝所である土間と、ゴキブリだらけの台所（注　食堂）で、二階の小ぎれいな一室が、家長である女主人の居室です。ここだけはルームクーラー、テレビ、電話もあり、小生の仕事にもそう支障はない。（略）

土地柄の粗暴さ、いかがわしさが、とりすました市中心部とはあまりに対照的であったからです。とりわけ、我が下宿の裏手の一角は、徴兵逃れのゴロツキや、作戦待ちの海兵隊員や土地柄相応の娼婦《むすめ》及びヒモ連中の吹きだまりになっておるのです。下宿のすぐ先は、二軒の映画館を中心に、大衆食堂やあやしげなバーや連れ込み宿が集まった場末の盛り場で、日暮れて一帯に七色の電球やネオンサインがともるころになると、裏手の吹きだまりの連中がここへくり出してくる」（『仏陀を買う』）

現在は若い旅行者が集まる地区だが、その昔はアメリカ兵や南ベトナム政府の兵士が出かける盛り場のひとつだったのである。

「アメリカ戦争（ベトナム戦争）の頃、ファングーラオ通りでいちばんにぎやかだったのは『アイボリー・タワー』だ。ナイトクラブで、いつもアメリカ人でいっぱいだった」

そんな思い出を語るのはミスター・ティン。ホーチミンにある大きな運送会社の部長である。ミスター・ティンは60代半ばで、趣味は海外旅行。日本にも何度か来たことがある。ベトナム戦争当時、ティンはファングーラオ通りにあった地元資本のデパートで働いていた。

私がティンの話を聞いたのはミセス・ユンの自宅である。近藤の足跡を訪ねてホーチミンを訪れる前、ベトナムをよく知る友人に「地元の人々に話が聞きたい」とリクエストしたところ、ミセス・ユンを訪ねるようにと言われた。ミセス・ユンは50代半ばで、丸顔。気さくなお母さんという感じである。だが、彼女は社長だ。近藤夫人のナウのように主婦でありながら運送会社社長である。つまり、ミスター・ティンの雇い主で、会社経営の傍ら、主婦業をこなし、ふたりの子どもを育てた。

ミセス・ユンは私を自宅に招き、ベトナム家庭料理をふるまってくれた。さらに、彼女は取材の役に立つよう、往時のファングーラオ通りを知る人を数人、集めてくれたのである。

なかでも、雄弁だったのがティンだった。

「アイボリー・タワーはディスコではないんだ。社交ダンスのクラブで、アメリカの兵隊や欧米のジャーナリストが数多く来ていた。オーストラリア人や日本人のジャーナリストも来ていたよ。私たち地元の人間はアイボリー・タワーのある交差点のことを『インターナショナル・クロッシング』と呼んでいた。いろいろな国の人がいたからね。そのあたりの店ではウイスキーでもワインでも外国製の煙草《タバコ》でも、なんでも買うことができた。なんといっても、戦争当時はアメリカの輸送機が毎日、3分に1回、タンソンニャット空港に着陸していたんだ。あの頃のサイゴンは東洋でいちばん豊かだったし、国際的な都市だった」

ティンはベトナムの酒を飲みながら、ベトナム戦争に従軍した各国の軍人の数を暗《あん》誦《しょう》し始めた。

「1968年のテト攻勢の前だと、アメリカの兵隊は53万人、韓国が5万人、オーストラリアが7000人、ニュージーランドが500人、台湾が50人、スペインが12人」

私はふと尋ねた。

「12人のスペイン人は何をやっていたのですか。戦場にも行ったのですか」

「うーん、たぶん、アドバイザーじゃないかな。うん、とにかく、アメリカ人だけじゃなかった。兵隊に限らずジャーナリストも世界中からやってきていた。海外の人間がたくさん集まっていたんだ。陥落後、サイゴンから外国人はいなくなった。でも、いまはまた世界中から観光客がきている。昨年（2011年）は19％も増えた。ホテルも次々と建設されている。いまのファングーラオ通りは昔のにぎわいを通り越して、アメリカ人、ヨーロッパ人、中国人でいっぱいだ」

話している間ずっと、ミスター・ティンは町の名前を「サイゴン」と呼んだ。彼に限らず、地元の人はまず「ホーチミン」とは言わない。「私たちサイゴン生まれの人間は」と話し始めるけれど、「ホーチミン生まれ」とは表現しない。

近藤が暮らしたサイゴンという町の名前はいまもなお生きているし、実際に使用されているのである。

ホーチミンで訪ねた女性社長、ミセス・ユンの家の造りはかつて近藤が暮らした昔ながらの造りとほぼ同じだった。コンクリートの3階建で路地に面し、ミセス・ユンの家族6人が暮らしている。1階部分は以前、食堂として営業していたため、オープンエアである。この辺もまた近藤が暮らした家と同じだ。食堂は現在、リビングとして使っているがいまも路地からは丸見えである。狭い路地をぶらつく人はいくらでもユンの家のなかを覗《のぞ》くことができる。

1階リビングの奥には先祖をまつる祭壇、仏壇が飾ってあり、部屋の中央にはダイニング用の丸テーブルがひとつ。私はベトナム語の通訳と一緒にテーブルにつき、ミセス・ユン、ミスター・ティンや仲間たち合計7人で食事をした。

私が日本人ジャーナリスト、近藤紘一について話を聞き始めたら、ティンが少しは気を遣って答えてくれたものの、周りの人々は「そんな堅苦しい質問よりも食事が先だ。料理に箸《はし》をつけろ、ベトナム特産のライスワインを飲め」という。そこで、取材はさておき、「乾杯」が繰り返されたのである。

しかし、思えば、近藤がファングーラオ通りに暮らしていた人たちに話を聞こうとした時だって、すぐには答えてくれなかっただろう。近所の人々はまずは相手がどういう男か判断するために、食事をすすめ、酒を飲ませたに違いない。そうして人柄を観察したうえで、話をするかしないかを判断したのではないか。ミセス・ユン宅の夕食会では、期せずして私も近藤が取材していた時と同じ状況に陥ったのである。

さて、その日のテーブルに出ていたのはいずれもベトナムの家庭料理だった。生春巻き、ナマズの入った酸辣湯《サンラータン》、塩漬けサワラの素揚げ、朝顔の茎《くき》のおひたし、豚肉角煮と煮玉子、淡水魚のすり身を苦瓜、唐辛子に詰めて煮たもの、豚肉と厚揚げと野菜の煮物。デザートにスイカ、バナナ、マンゴー、スターアップル。

ベトナム家庭料理をほおばりながらも私は「ホーチミンでいちばん美しいと思う場所をそれぞれ挙げてください」などと、優等生的な質問をした。しかし、集まった人々は、私がベトナムのライスワインの盃を飲みほすまでは「何も答えない」と宣言する。そこで、私はひたすら飲み、ナマズや朝顔の茎をもりもりと食べることになる。

近藤は彼が体験した一般家庭の食事について、こう記している。

「一般庶民の家庭料理は、日本もベトナムもそう変らない。ただ、ベトナムの方が素材の幅が広いので、日々の食生活もそれだけ変化に富んでいる。たとえば肉類にして

も、日本ではふつう、ウシ、ブタ、トリていどしか食べない。ベトナムでは、この他イノシシ、シカなどの野獣類、アヒル、カモ、ハト、ウサギ、ウズラ、それにシギやシャコなど各種野鳥が豊富に食卓に登場する。（略）料理法も土地のベトナム料理のほか、中国料理、フランス料理などが本場そこのけに普及している」（『サイゴンから来た妻と娘』）

その日の食事に野獣、野鳥こそ出なかったけれど、朝顔の茎、各種ハーブ野菜に見られるように素材の幅は広かった。また、酸辣湯は中華料理そのものだったし、フランス風の前菜もあった。家庭料理のなかに中国とフランスの文化、料理が定着しているようだった。

また、食べる様子をじっくり観察していたら、誰もが酒を飲みながら、かつ、ご飯をよく食べる。日本人のように、最初はつまみで酒を飲んで、ご飯は最後という飲み方ではない。もりもり食べながら、がばがば飲む。たとえば朝顔の茎のおひたしは煮玉子の煮汁に浸した後、ご飯に載せて食べる。その間に酒を飲む。塩漬けサワラも同じようにご飯に載せる。

そして、酒を飲む。前菜と生春巻き以外はすべてご飯と一緒に食べ、ご飯がなくなればすぐにお代わりする。とにかく、ご飯とおかずを咀嚼《そしゃく》しながら、ライスワインを何杯も飲む。

ご飯は長粒のインディカ米だ。日本の米のような粘り気はないから、箸に載せて食べるわけにはいかない。男性も女性も茶わんに箸を立て、かきこみながら食べる。かきこむのがマナーであり、合理的なのだ。


食卓で出た話題は主に3つである。

ホーチミンはいかにいい町かという自慢、日本についての質問、そして、男性陣だけは下ネタが加わる。

――サイゴンの街路樹が美しいと思った？　じゃあ、東京の街路樹はどんな木だ。イチョウ？　うむ、確かベトナムにもあったはずだが、街路樹ではないな。

――何？　町のなかでゴキブリをたくさん見つけただと？　それがどうした？　ゴキブリはベトナムでは縁起がいいんだ。うちのおばあさんなんか台所の隅でゴキブリを2匹、飼っていた。ベトナムではゴキブリは富をもたらすと言われている。ゴキブリをいじめてはいけない。

――サイゴンの美しい風景？　そうだなあ、昔はサイゴンハーバーにメコンデルタから手漕ぎの船が何千艘《そう》も集まってきた。朝日が差し込むなかを船がゆっくり動く様子は美しかった。だが、残念なことにメコンデルタから米や野菜を運搬する手段はトラックに変わり、船は港から消えた。

そこにいた人々の話は冗談交じりだから、嘘か本当かはわからない。とくにゴキブリに関しては。それでも、彼らは私が盛大な食欲を見せて、サイゴンの町は美しい、ベトナム料理はおいしいと語ると、上機嫌になった。口からベトナム米を飛ばすようにして、我先に話を始めた。

食事の最中、私を招いてくれたミセス・ユンが一同を見渡して「静粛に」と宣言した。なぜか私を見て、ニヤッとした。

「今日はミスター・ノジのためにビトロンを買ってあります。みんなで食べましょう」

横からティンが私の脇腹をつついて言った。

「それはいい。ビトロンはバイアグラみたいによく効く。男の武器だ」

話題に上ったビトロンとは『サイゴンから来た妻と娘』にも出てくる「途方もない食べ物」で、孵化《ふか》寸前のアヒルの卵である。近藤紘一は「半熟卵かと思って何気なくサジで割った」ところ、「なかば固形化し、なかばまだドロドロのヒナがニュッと顔を出したので、椅子から転げ落ちんばかりに驚いた」と記している。

そのビトロンが私の目の前に現れた。

おそらくベトナムの人々は外国人が初めてビトロンを食べる瞬間を観察したいのだろう。食卓の人々は箸を持つ手を止め、私を見る。

ティンが説明を加えた。

「ビトロンはふつうのアヒルの卵ではない。米だけを食べて育ったアヒルの卵だ。それも、ビトロンにするのは産み落とされてから14日目の卵だけ。それを水から5分間茹《ゆ》でる。熱湯に入れたり、蒸したりすると破裂するからだ。食べる時は必ず胡椒《こしょう》、ライム、ミントの葉っぱと一緒だ。そうでないとお腹をこわす」

教えられたとおり、私はスプーンで卵の殻を破った。すると、羽毛と小さな目を持ったヒナの姿が現れた。みんなが固唾《かたず》をのんでいるので、スプーンを突っ込んで、中身を口に入れた。

「……」

みんなが固唾をのんで見守っているから、何かしら感想を言わなくてはならなかった。そこで、こんなことを言った。

「不思議な味です。おいしいともまずいとも言い難い。ただ、ヒナの羽毛が見えるのがちょっと……。目をつぶって食べてもいいですか」

いい大人が「目をつぶって食べてもいいですか」もないものだと思ったが、ビトロンに対する畏怖《いふ》の感情が彼らを喜ばせたようだった。みんなは「しめしめ」といった表情になった。

ティンは「よくやった」とでも言うように、私の肩を叩いた。私はとにかくすべてを飲み込んだ。正直言うと、２度と食べたくない味だった。まずいのではなく、どろりとしていて気味が悪いのである。

やっと食べ終わり、やれやれと思っていたら、目の前に新しいビトロンが出てきた。ティンが言った。

「ふたつ食べないといけない。ひとつだけだと悪い運を呼ぶ。だから、もうひとつ、いけ」

みんなが「しめしめ」といった表情だったのは、ふたつ目が出てくることを確実に予測していたからである。

私は果敢に笑って、卵の殻を割り、ヒナの黒い羽毛を見ないようにしながら、しゃにむに食べた。食卓にいる人々は和んだ。

話によれば、10年ほど前までは、夕方になると、もみ殻に埋めたビトロンを詰めた籠《かご》を持った売り子が道に何人、何十人と出てきたという。夜の町に出ていく前、「精力をつける」男が売り子から買うのだ。ところが、いまでは若い人があまり好まなくなったこともあり、ビトロン売りの数は激減した。

ビトロンを乗り切った私に対して、周囲の目はいちだんとあたたかくなった。

「いやー、今夜は楽しい」と言いながら、ティンは私の盃にライスワインを注ぐ。やけくそ気味になって注がれるまま何杯も飲んだ。そのうち、ひとりがギターを持ち出して日本の演歌のようなメロディの歌を歌い始めた。

「美しい昔」だった。ベトナムでは誰もが知っているソングライター、ティン・コン・ソンの代表曲で、NHKが『サイゴンから来た妻と娘』をテレビドラマ（1978年）にした際、主題歌に使われたものだ。天童よしみがカバーしており、紅白歌合戦で歌ったこともある。

恋人との別れを歌った悲しい曲で、楽しい食卓には似合わないはずなのだが、なぜか男性陣は一緒になって歌い始め、しかも箸で茶わんを叩き始めた。日本でも美空ひばりの「悲しい酒」を歌いながら、箸で皿小鉢を叩く人がいるわけだから、ベトナムで同じことが起こっても不思議はない。

ミセス・ユンの家には取材のために行ったのだが、酒と食事が出てきたとたん、きちんとした話にはならなかった。だが、近藤紘一が毎日、どうやって庶民から話を収集していたかは束《つか》の間《ま》ではあったけれど、追体験することができた。

彼の取材とはベトナムの政治家や経済人だけにインタビューしたものではなかった。サイゴンの庶民と同じものを食べながら、庶民生活のエピソードを聞き出し、そうしてベトナム社会のありようを推し量ったのである。

政治家や経済人は国の頭脳だ。彼らの話を聞けば国が進んでいく方向が推測できる。一方、庶民は国の骨格だ。庶民の機嫌や顔色を見れば、その国が健康かそれとも病んでいるかがうかがえる。近藤が日本人に伝えたいと思ったのはベトナムの頭脳が表明する意思ではなく、ベトナムの骨格である庶民の生活だったのだろう。

# 第8章
# メコンデルタへ

近藤紘一がベトナム赴任中、仕事以外で訪れていたのがメコンデルタとサイゴン動物園だった。サイゴン支局長として同地にいた4年の間、戦況は緊迫したけれど、休みが取れなかったわけではない。彼は報道を目的とせず、ふらりと田舎の生活を見に行ったり、また、川釣りや動物園見学をしていた。

「戦争中なのに釣りをしたり、旅行していたのか」と不思議に感じる人もいるかもしれない。しかし、本人は著書のなかで、戦争下であっても、サイゴンの人々は日本人が想像するより、はるかに落ち着いた生活をしていたと記している。

「赴任してずいぶん面食らった。

南ベトナムの人々は、イモの取り合いで殴り合いなどしていなかった。都市でも地方でも、市場にはコメ、肉、サカナ、野菜、果物が山ほどあり、相当な貧乏人でも少しまずいと、まだ食べられるものを平気で捨てていた。どう見たところで、この国では、戦争と飢餓とは、少なくとも私が勝手にそう思い込んでいたほど、二人三脚の道連れではなさそうだった」（『サイゴンから来た妻と娘』）

文中にある「イモの取り合い」とは終戦直後の日本で近藤が一個のじゃがいもをめぐって、腹を空《す》かせた弟の次郎と「流血の争奪戦」を繰り広げた経験をさす。日本人は太平洋戦争の経験から、戦争といえばイコール飢餓、凄惨《せいさん》な日々と考えがちだが、彼がサイゴンで見た現実は、のんびりと暮らす庶民の姿であり、市場にうずたかく積まれた米や野菜だった。

近藤はサイゴン支局長として戦車や戦闘機の性能だけに関心があったわけではなかった。市内にある市場やメコンデルタの水田地帯へも足を運び、庶民の生活を間近で見たからこそ、そういった認識を持つことができたのだろう。

彼がベトナムにいた頃からは40年が過ぎた。ホーチミンと改称されたサイゴンは近代都市に生まれ変わった。では、戦争中でさえ、庶民の胃袋を支えたメコンデルタの米作地帯はいまはどうなっているのだろうか。ホーチミンだけでなく、私は近藤紘一の足跡を追ってメコンデルタへ出かけた。

ベトナムを代表する川、メコン川の水源はチベット高原である。川の流れはチベットから約４８００キロを下ってベトナムの国土を経て南シナ海へ。流域面積は79万５００平方メートル。日本の国土面積約38万平方メートルと比べても相当な広さである。そして、デルタ地帯の大半は水田。ベトナムの穀倉地帯である。

私はホーチミンから車でメコンデルタのカイベという町をめざした。高速道路を走った2時間半の間、道の両側には水田が続いていた。12月だったが、外気温は摂氏38度、暑さのためか田んぼには人はいなかった。朝早い時間もしくは日が落ちる寸前の短い時間しか働くことはできないのだろう。

ベトナム人通訳はメコンデルタの水田について、こう言った。

「現在、ベトナム人が食べる米の6割はメコンデルタで収穫されている。北部の水田は二期作までだが、南部では年に3回は栽培できる。メコンデルタの米は味がいいことで知られている。いちばんおいしいロンアン産のジャスミンライスはなかなか手に入らないし、価格も高い。

また、このあたりの食べ物は米だけじゃない。バナナ、ココナッツ、スイカ、それから、ナマズのような淡水魚、地面に落ちた米を食べる鶏、鶏が産む卵……」

彼によれば、南シナ海に近いデルタは土地が低いから満潮になると陸地に海水が入ってくる。そのため、米や野菜が育たないので、海老《えび》や淡水魚の養魚場になっている

1435A
1433A

という。

カイベに着いてからは車を降り、水路を船でたどった。乗合の観光船に乗り、水の上から岸辺の建物や水上マーケットを眺める。時々、陸地に上がり、19世紀に建てられた木造の屋敷やフォーなど米製品を作る工場を見学する。

メコン川の水はにごっているが、淡水魚はかなりの数が棲《す》んでいるらしく、川岸から釣り糸を垂らす人、網を仕掛ける漁民の姿をよく見かけた。あくせく働いている様子ではなかった。釣竿《つりざお》は手に持たず、立てかけてあり、浮きが沈んだら引き上げる。なんとものんびりした漁業だった。船が行く岸の両側に目をやればバナナとココナッツが繁茂していた。

近藤の著書には、あるベトナム人記者が「オレの村では釣らなくてもサカナがとれる。果物も昼寝をしていればしぜんに降ってくる」と言ったと書いてあったが、メコンデルタの実際の風景に触れると、ベトナム人記者の言葉はまんざら嘘ではないと感じた。

唯一、人々が恐れるのはモンスーンだ。モンスーンで川が氾濫《はんらん》したら、木造家屋や小さな船は流されてしまうし、稲も倒れてしまう。しかし、水が引いた後には海老や淡水魚が地面に取り残され、人々の食糧になる。また、氾濫後の耕作地は肥沃《ひよく》になるので、その後、穀類の収量は増える。

水路を巡るツアーでは必ずフォーや米菓子の工場兼土産物店に寄ることになっている。売っている物はTシャツ、テーブルクロス、絵葉書、春巻きに使うライスペーパー、フォーの乾麺《かんめん》、ココナッツミルクと米粉を使ったゴーフル、ポップライス、乾燥バナナ……。特にライスペーパーの主産地はメコンデルタで、実演販売をする小さな工場が密集している。米粉を水で溶いたものを鉄板の上に薄く伸ばし、クレープのように焼くのだが、その時に使う燃料は米のもみ殻だ。そして、職人が座る座布団は藁《わら》で編まれている。米、生春巻きの皮、燃料のもみ殻、藁でできた座布団……。そこにあるものは何から何までベトナム人が育てた米が使われている。暮らす人々は米がなければ絶対に生きていけない。

生春巻きのライスペーパーを作る工場でのことだ。作業の手伝いをしていた中年男性は席を立つと同時に松葉づえを手にして歩いて行った。片足だけが細く、短かくなっていた。私が男性の足に視線をやったことに気づいた通訳は「American War」とひとこと呟《つぶや》いた。男性の足が戦場の負傷なのか、それとも枯葉剤の影響なのかは定かではない。ただ、メコンデルタではマングローブの森に枯葉剤が散布されたという記録がある。ベトナムにとって戦争は過ぎ去った昔のことだ。しかし、それでも日常のなかに戦争が影を落とすことがある。

サイゴン支局長の間、近藤はメコンデルタへ行くのと同じくらいひんぱんに市内の動物園へぶらぶら出かけていった。ひとりではない。妻とふたりで動物園へ行っている。夫婦ともに動物が大好きだったからだが、夫人は動物を眺めるよりも、食べる対象として見ていたきらいがある。また、近藤はよほど動物園が好きだったのか、『世界の動物園』という連載記事も書いている。動物園のガイドとして読めないこともないが、何度も出かけているサイゴン動物園と一度しか出かけていないマドリードの動物園を同列に論じるのは無理がある。『世界の動物園』のなかで興味深く読めるのはサイゴン、バンコクなど、彼が日常に楽しんでいたところだけだ。

さて、近藤夫妻が見物に出かけた市内の動物園は正しくは動植物園である。元々、そこは植民地時代にフランス人が熱帯の植物を集めて作った場所で、後になってからトラ、カバ、シマウマなどの園舎が付け加えられた。市の中心から歩いて15分ほどの距離にあり、平日は小学生、中学生が団体で見物している。そして、午後になると園内の木陰を求めて善男善女がやってくる。入園料（1万2000ドン　フォー1杯3万ドン程度）は高くはないから、そこかしこにあるベンチは昼寝をする人に占拠されて

いる。園内の樹木は古くからのものが多く、うっそうと葉を茂らせているので、木陰で寝ていると涼しくて気持ちがいいのだろう。ただし、休みの日は家族連れでにぎわうから、おちおち寝ているわけにはいかない。

彼の著書には植民地時代から独立後の混乱期まで、園内の地下に政治犯を収容する獄舎があったと記してあった。そこで、「地下に収容所があったのか」とオランウータンの檻《おり》に隣接する売店の係員に尋ねたところ、「そうだ。その通りだ」と言い、売店のなかにある小部屋まで案内してくれた。係員は床を指差して、「いまはふさいでしまったが、床板を上げると地下室に続く階段があった」と説明してくれた。ただし、彼自身は植民地時代のことはまったく知らないという。

「アメリカン・ウォーの時に使われていた地下室だ。1968年、テト・オフェンシブ（テト攻勢）に合わせて、市内に潜んでいたベトコンがいっせいに蜂起《ほうき》した。アメリカ大使館、カラベルホテル、サイゴン警察などを爆破したんだ。その時のベトコンが集合したのがこの地下室だ。爆弾もここに隠していたし、会議は真夜中にやっていたんだ」

係員が話す横では茶色い毛をしたオランウータンがじっとうずくまっていた。檻のなかへ視線をやった後、係員は話を続けた。

「あいつは昼間はああやってずっと寝ている。活動するのは夜だけだ。ベトコンと一緒だな」

そう言って、嬉しそうに笑った。

私は近藤紘一の後を追って現在のベトナムを歩いた。ただし、彼が暮らした場所、出かけたところだけだ。ホーチミン市内、周辺の戦地跡、メコンデルタ、サイゴン動物園といった場所である。

そこにいたのはひたすら前へ向かって進むベトナム人だ。市内では1日中、オートバイと自動車が疾走し、道路を埋め尽くす。メコンデルタの水路には漁船、観光船が舳先《へさき》をふれ合わさんばかりにスピードを上げて走っている。誰もが輝く未来を信じて、1日1日を過ごしている。だが、目を凝らしてみればこの国にはまだベトナム戦争という過去が各所に残っており、アメリカの影が感じられる。それでも、ベトナム人は未来を信じて、まっしぐらに歩いている。

「こうしてぼくたちは、絶えず過去へ過去へと運び去られながらも、流れにさからう舟のように、力のかぎり漕ぎ進んでいく」（『グレート・ギャツビー』フィッツジェラルド／野崎孝訳　新潮文庫）

過去がなくなることはない。アメリカの影が消えることはない。けれども、ベトナムの人々がぐいぐいと前へ進めば進むほど、過去や影は薄くなり、やがて消え去っていくに違いない。

ベトナムで近藤紘一の痕跡をたどる間じゅう、頭にあったのは、彼はベトナムで何を得たのかということだった。日本にいた時の彼は仕方なく入社したサンケイ新聞で新聞記者をやっていたけれど、彼ならではという仕事をしたわけではなかった。お坊ちゃん育ちで、美しく聡明な妻を持ち、ダンスが好きで、友人たちに囲まれるのも好きな男だった。サンケイ新聞に定年まで在社する気持ちはなく、いつか自分は作家になるとどこかで信じていた。いわば、屈託のない人生を送っていた。

ところが、結婚後5年で妻を亡くしてしまう。予想だにしなかったことだから、彼はその後のふるまい様がわからない。そこで、戦場に近い場所、サイゴンへの赴任を受け入れた。彼の人生はそこから大きく変わった。

結論から言えば、彼はベトナムに来て、すべてを得た。サイゴンが好きで赴任したわけではなかったが、来てみると居心地がよかった。サイゴンは銃弾が飛び交う町ではなく、戦争のための物資集積地で、世界中からジャーナリストが集まっていた国際

都市だった。取材先にも事欠かず、また、ひょっとしたら死ぬかもしれないという感情が支配する刹那的な場所でもあった。各国から来たジャーナリストはほぼ単身だったから、現地で女性と知り合う。近藤紘一もまたそのひとりだった。

そして、彼だけは交際のみにとどまらず、ベトナム人女性を籍に入れて日本に連れ帰った。他の新聞記者、ジャーナリスト、カメラマンと違い、責任を取って夫婦となり、義理の娘を引き取った。しかし、周到な考えがあって、そうしたわけではないだろう。半分は若くして妻を失っていたから、行動が大胆になっていたのだろうし、あとの半分はナウが近藤を説得したのではないか。戦地の女性にとって海外からのジャーナリストとの結婚は平和な国へのパスポートでもあったから。

一家で帰国した後、彼はベトナムであったこと、妻と娘のことを書いた。戦争で注目されていた国からの迫真的なリポートでもあり、また、その国の女性と結婚していた彼は一躍、スター記者、スターノンフィクションライターになった。むろん、文筆技術の確かさもあっただろうが、なんといってもテーマがよかった。すべてはサイゴンに赴任したからこそでき上がった作品であり、これがパリかロンドンの感傷的な思い出話だったら、さほどの注目は集めなかったに違いない。日本人が戦争以外のベトナムを知ったのは彼の功績だ。彼がベトナムとベトナム人をちゃんと見すえて書いたからだ。

一方、妻のナウと娘のユンは近藤と家族になったことで、日本という国を得た。国籍を取り、日本人になった。世界中、どこへも難民としてではなく、日本人として出かけることができる。近藤と暮らしているのだから経済的にも困らない。だから、人はふたりのベトナム人女性を幸せだ、幸せになったという。だが、本当にそうなのか。幸せなのはナウとユンのふたりなのか。

私は逆だと思う。誰よりも幸せをもらったのは近藤だ。彼は妻と娘に日本の国籍を与えた。しかし、代わりにベトナムという国をもらっている。彼にとってベトナムは、家族と職業をもたらせてくれた国だ。ベトナムと出会ったことで、新しい妻と娘を得て家庭を築き、文筆家としては賞を授与され、売れっ子になった。もし日本にいて、新聞記者を続けていたとしたら、どうなっていただろうか。

近藤紘一はナウとユンに与えたものよりもはるかに大きな新しい人生をもらった。近藤紘一とベトナムは幸せな出会いをした。ある国へ出かけていって、これ以上の幸せを得た男はそうはいない。

# 第9章 バンコクのビーチで

近藤紘一がサイゴンから妻と娘を連れて帰国したのは1974年8月だった。まだ、日本語ができなかった娘のユンを九段にあるフランス人向けの中等学校「リセ・フランコ・ジャポネ」に預け、自らはサンケイ新聞外信部で仕事に励んだ。リセ・フランコ・ジャポネの学費は日本の義務教育よりも格段に高い。新聞記者をやりながらも、アルバイトで原稿を書く必要に迫られ、サンケイ新聞が出していた『正論』に寄稿。それが運よく、文藝春秋の編集者、新井の目に止まり、書き下ろしで本を執筆することになった。それがベストセラーとなった著書『サイゴンから来た妻と娘』である。

同書の成功で彼は一躍、有名人となった。ベトナム報道の専門家で、名を知られるようになった作家で、加えて妻は戦場から逃れてきたベトナム人美女である。世の中は話題のカップルを放《ほう》っておくことはしない。ふたりは一緒に新聞や雑誌からインタビューを受け、テレビにも出て、講演会に呼ばれるようになった。そして、ついには、ナウ名義で単行本『アオザイ女房』（文化出版局）を出すまでになったのである。言うまでもなく、書いたのは近藤だ。

彼は舞い込んでくる執筆依頼を断ることなく、新聞社から自宅に戻った後、深夜まで仕事をした。妻と娘のために稼がなくてはならなかったからだ。

原稿を書き続ける彼を見て、なかには「身体《からだ》を壊すぞ」とか「同じ題材を使って何度も書くな」と忠告する友人もいた。大学時代の友人でサンケイ新聞をやめて学研に行った倉持もそのひとりだ。

しかし、近藤は耳を貸さなかった。ベトナムにいる親族に物資や金銭の援助を続ける妻、高額な学費がかかる九段のリセ・フランコ・ジャポネに通う娘のためにはどうしても金が必要だった。たとえ友人たちが顔をしかめても、面と向かって忠告を受けても、身体にムチ打って、依頼された原稿を書く他はなかったのである。この頃書いたものを見ると、確かに同じ題材、同じテーマでいくつかの雑誌に寄稿している。通常は雑誌に対する礼儀として、同じテーマで同じ内容のものを繰り返すことはありえない。しかし、家族を養うためには、多少、表現だけ変えて寄稿せざるを得なかったのではないか。一義的には仕事に対する彼自身の行儀の問題だが、原稿を依頼し、掲載した編集者にも責任はある。

ただ、そうはいっても、いつまでもベトナムやベトナム人妻の話だけで本を出し続けるわけにはいかない。彼が心底、気になっていたのはベトナムというテーマからいずれは脱皮しなくてはならないことだった。彼の頭のなかをしめていた問題はベトナムに比肩するくらいのテーマを見つけることで、それは薄々、頭のなかに浮かんでいた。

1978年、近藤はタイに赴任し、バンコク支局長となった。妻は同行したが、娘は1年間、日本のリセの寄宿舎に暮らした。タイに暮らすようになった近藤は、『バンコクの妻と娘』を発表する。内容はタイの人々、および近藤一家についての話だ。同書に出てくるバンコクやタイの人々についての記述も面白くないわけではないけれど、ベトナムに関するそれと比べると、平板で熱がこもっていない。ある国に赴任した新聞記者の雑多な思い出話にすぎない。しかし、仕方ない面もある。近藤が描いたベトナムは平和な社会ではなかった。また、そこに暮らすベトナム人は戦時下で必死に生きる人たちだった。一瞬一瞬を精いっぱいの才覚で乗り切っていく人間だからこそのしたたかさやチャーミングさが伝わってきたのだが、一方のタイは安定した国だ。カラフルなエピソードや個性的なキャラクターを持つ人も出てくるけれど、戦場の国

に生きる人に比べればたくましさに欠ける。そして、近藤もまたサイゴンにいた時のような取材方法をとった訳ではなかった。バンコクで彼が暮らしていた家は日本人駐在員が多く暮らす外国人専用マンションだ。タイの庶民とは触れ合ったけれど、濃密とは言えない。あくまでも外国人の目としてタイを観察した記録である。

結局、近藤はタイについては専門的に語ることをせず、物語の焦点は自らの家族に移っていく。『サイゴンから来た妻と娘』シリーズは2作目から義理の娘ユンの成長を追うものとなり、一種の家族小説となった。

家族小説の主人公、ユンは13歳でベトナムから日本にやってきた。その後、義父の勤務に従い、寄宿舎生活から18歳でバンコクのフレンチスクールに転校。さらに、21歳になった時には、フランスの大学進学に備えるためにひとりでパリへ向かい、知人の家に下宿することになる。

戦時下で生まれ、初めて海を渡って来日した少女は思春期の終わりにタイに移り、やっと住み慣れたと思ったら、今度はヨーロッパへ出発することになった。ベトナム生まれの少女は短期間のうちに日本、タイ、フランスと住まいを移し、学校も変わることになったのである。家族小説の主人公としては劇的な人生であり、読者からの反響も大きかった。

近藤は激変する娘の生活環境について、つねに悩み、揺れ動いた。彼にできたことは娘を見守り相談相手となりながら、彼女への想《おも》いを本のなかに記すことしかなかった。

「私が娘を、(日本の) フレンチ・スクールへ入れたとき、友人の一人は、なかば色をなして怒った。

『いったい、お前は彼女を何国人にするつもりなんだ』(略)

『オレ (友人) が見るところでは、彼女は今、なんとか自分の新しい国であり、父親の国でもある日本の人間になろうと一生懸命に努力している。なんといってもこれから彼女は日本人として生きていかなければならないわけだろう。結果的にはお前は、フレンチ・スクールなんかに通わせることで、彼女のその努力を邪魔しているんだ』

『うん、そうかもしれない』

彼にいわれるまでもなく、私はことあるごとに、この問題について考えた。本当にもしかしたら、私の方が間違っているのかもしれない」(『バンコクの妻と娘』)

近藤は義理の娘を引き受けてからずっと「どこの国の人間として育てればよいのか」を自分に問い続けた。フランスと日本というふたつの国のカルチャーギャップのなかで心の病を併発し、自死に近い状況で死んでいった前の妻のことを思えばユンをどこかの国の人間としてはっきりと自覚させなければならないと突き詰めて考えていた。家族小説となったシリーズの大きなテーマは娘をどこの国の人間として育てるか、大きく言えば、人間にとって国とは何か、国に帰属することはどういうことなのかを追い求めることだった。

娘の将来を気にかけながら、近藤はともかく家族のために金を稼がなくてはならなかった。妻は相変わらずベトナムの親戚《しんせき》に物品を送っていたし、娘はますます金がかかる。新聞記者として作家として1枚でも多く原稿を書かなくてはならなかったのである。

彼が支局長として過ごしたバンコクは東南アジアの中心であり、地域全体をカバーするのが役目だった。タイ国内だけでなく、イラン、フィリピンといったアジア諸国まで取材に出かけていくのが役目だった。

「(バンコクは)『何と暑い土地か』と思った。

気温はサイゴンとそう変らないが、湿度が滅法高く、暑気の重さ、がくらべものにならない。その気色悪い暑気がドンムアン空港に降り立つと同時に、ムウッとズボンの

裾《すそ》から侵入し、毛ズネを這いのぼってくる」(『バンコクの妻と娘』)

「昼のバンコクは、湿気と暑さと埃《ほこり》りと騒音さえ大目にみれば、たいそう人当たりのいい、気持のいい町である。

到着早々はカモイ(空き巣、泥棒)の武勇談を幾つも聞かされ、少々恐れをなしたが、しばらく暮らすうちに、『微笑の国』のキャッチフレーズが必ずしも誇大広告でないことがわかった」(同書)

近藤が借りたアパート「チャニット・コート」はバンコク中心部のチュラロンコン大学、ロイヤル・バンコク・スポーツクラブ競馬場に近い、ソイ・トンソン(松の木小路)という道路に面している。

バンコク中心部は当時もいまもビルが立ち並び、その間の街路をビジネスマンや観光客が切れ目なく行き交っている。路上には日常の惣菜《そうざい》を売る屋台が数メートル置きに店を出しており、現地の人々はビニール袋に入った惣菜やご飯を買い求める。自炊する人よりも買ってきたものを食べる人が多いから、屋台はつねに繁盛して、人だかりがしている。人が行き交い、かつまた屋台で買い物をしている状態が四六時中、続いているわけだから、バンコク中心部の街路は、どうしても雑然としており、喧騒《けんそう》から逃れることはできない。

ところが、チャニット・コートのあるソイ・トンソン一角はやや雰囲気が異なる。通りの片側には松並木があり、並木に沿って疎水が流れている。にごってはいないが、決してきれいとは言えない疎水だけれど、さらさらと水が流れているだけで、静寂の気配が漂う。昼下がりにソイ トンソンを散歩していると、疎水を流れる水音が聞こえ、松並木は路上に柔らかい影を投げかける。

喧騒のバンコクのなかでは珍しく落ち着いた場所で、パリの裏通りと考えられなくもない。近藤は5年の在任中、支局に勤めるタイ人の助手とソイ・トンソンを「よく歩き回った」。

チャニット・コートはそのままのところに建っている。5階建てのコンクリート造りで、1階は「ジャンニ」という高級イタリアン・レストランだ。庭には居住者用のプールがある。長さ15メートル、幅7メートルほどのこぢんまりしたもので、泳ぐためというよりも、水浴びのためのプールだろう。念のために書いておくけれど、決して日光浴のためではない。太陽が照りつけるバンコクで裸になって肌をさらそうとする酔狂な人間はひとりもいないからだ。

私は近藤夫妻が暮らしていた3階の19号室に入ってみた。空き室で、ちょうど借り手を探していたところだという。「なかを見たい」と言ったら、私のことをバンコク駐在のビジネスマンだと勘違いしたようで、「どうぞどうぞ」と案内してくれた。部屋は日本風に言えば2LDK。それぞれの部屋は日本の標準よりも広い。天井も高い。3階といってもイギリス風で、1階をグラウンドフロアと数える。日本でいえば4階の部屋だから眺めもいい。ベランダからはバンコクの街並みを見晴らすことができた。マンションの庭に生えているヤシの木や火炎樹は熱帯の国の気配を醸し出し、色鮮やかな鳥も止まっていた。植物園のなかにいるようなもので、絵に描いたような南国の暮らしである。

近藤は起きたらコーヒーを飲み、プールで水浴びしてから支局へ行くというゆったりした生活だった。日本人から見ると、怠けているような働き方だけれど、気温と湿度が高いバンコクではせかせかと働いたら病気になるだけだ。南国の人たちは歩くのもゆっくりだし、働くときものんびりしている。それは、そういうやり方でないと毎日、続かないからだ。支局から戻ってきた近藤はすぐに机に向かい、深夜まで執筆を続けた。売れっ子作家になった彼はバンコクにいても休まることはなかった。文藝春秋の担当編集者だった新井信は原稿を受け取りに行くためにバンコク、パタヤビーチまで出かけている。新井が海外出張することができたのは、近藤の本が売れていたからで、彼は稼げる作家だったのである。文藝春秋だけでなく、他社からの原稿依頼は

引きも切らず、夜は外出するよりも机に向かう時間の方がはるかに多かった。バンコクで庶民の話、町の話が少ないのは原稿の執筆に追われていて、さまざまな場所を探訪する余裕がなかったからだろう。

では、彼が暮らしていた頃のバンコクはどういった町だったのか、当時、駐在していた航空会社のビジネスマンはこう教えてくれた。

「70年代には反日感情もあったけれど、80年代にはぐっとよくなりました。日本人にとってのバンコクはビジネスと観光において東南アジアの中心と言えます。その頃、ヨーロッパへのダイレクトフライトはありません。パリやロンドンへ行く場合、南回りルートをとれば必ずバンコクにストップオーバーしました。私たちバンコク支店は到着したお客様の世話でてんやわんやだったのです。

バンコクはとても暮らしやすい場所だと思います。中華料理、タイ料理は日本人にとって身近な料理ですし、暑いことは暑いけれど、どのオフィスもエアコンは完備されています。ビジネスでもタイ人はしたたかな面はあるけれど、嘘《うそ》をついたり、だましたりはしない。近隣国のベトナムと違って国土が主戦場になったことがないから、国民はマイペースでのんびりしている。

ソイ・トンソンは市街の中心で外国の大使館が多かった。日本人駐在員が暮らすエリアのひとつでしたね。バンコクというのはパリの対極にある町なんですよ。パリはエリアによってお金持ちが住む町、若者の町とだいたい決まっているけれど、バンコクはいろいろな階層の人々がごちゃごちゃに隣り合わせに暮らしている。道を一本隔てただけで町の雰囲気ががらりと変わってしまう。しかし、それがタイらしくて、住んでいると、そこが面白いんです」

特派員、近藤紘一が暮らした期間では実はサイゴンよりもバンコクの方がやや長い。しかし、著書を読む限り、彼が愛したのは明らかにサイゴンだ。サイゴンはエキゾチックで涼しげな都会に描いてあるのに、バンコクの方はやかましくて暑い町になっている。

タイに赴任している間、近藤一家には大きな変化が起きた。一家は毎年、バンコクから南に約150キロ離れたパタヤ・ビーチで3週間近くの夏休みを過ごし、宿泊するところはホテル「オーキッドロッジ」に決めていた。

そこはパタヤビーチではもっとも俗化していない静かな環境にあったため、家族でバカンスを送るにはもっとも適していたのである。当時、オーキッドロッジにははるばるフランスやドイツからバカンスにやってくる客が大勢いたのだが、そのなかにルロワ（注　仮名）一家という、ふたりの息子を持つフランス人家族がいた。ルロワ一家はフランス語を解する近藤、ナウ、ユンと顔を合わせるたびに話をするようになり、いつしか親しい間柄になっていった。

両家はお互いの家庭事情についても会話を交わすようになり、ルロワ家の両親は、ユンが大学進学のためフランス生活を考えていることを知る。ルロワ家の両親はあくまで好意から、「彼女を預かりたい」と近藤に申し出た。彼は逡巡《しゅんじゅん》したが、結局、ルロワ家の好意を受け入れ、ユンはフランスへ渡り、パリ郊外の同家に下宿することになった。

「二年来、娘はパリ郊外の彼の家に厄介になっている。彼の家、ルロワ一家とは、数年前、私がバンコクに赴任して間もなく知り合った。一家が毎夏バカンスを過ごしに逗留《とうりゅう》していた海浜のホテルにたまたま泊まり合わせたのがきっかけである。四年後、ユンが通っていた（注　バンコクの）リセ（フランス学制の中高等学校）の最高学年のクラスが、生徒不足で閉鎖になった。校長の進言もあってフランス本国のリセに送り込むことになった。話を知ったルロワ家が二つ返事で娘を引き受けてくれた」（『パリへ行った妻と娘』）

フランスへ渡った彼女はバカロレアは通ったが、すでに23歳になっていたので大学には行かず、職業専門資格（BTS）を取って、シャルルドゴール空港のなかにある通関会社で働くようになった。そして、ルロワ家の長男ピエールと結婚したのである。パタヤビーチのオーキッドロッジでバカンスを過ごしたことがユンの一生を変えた。

現在、パタヤビーチへ行くには高速道路が便利だ。近藤一家が暮らしていた頃は片道で数時間はかかる道のりだったけれど、道路が整備されたいまでは1時間半程度のドライブで済む。

その頃のパタヤビーチはベトナム戦争に出征していたアメリカ軍の保養地だった。海辺の静かな村だったパタヤの中心部は兵隊のための歓楽街に変わり、バーやナイトクラブが乱立した。そのため、タイに暮らす欧米人の家族や地元の富裕層はバカンスの際、パタヤ中心部から離れたリゾートホテルを選ぶようになった。近藤一家が滞在したオーキッドロッジもそういった静かな環境にある長期滞在者向けホテルだったのである。

オーキッドロッジは1965年、パタヤで初めての本格的リゾートホテルとして開業し、現在も営業しているが、名前はアマリ・オーキッド・リゾート&タワーと変わっている。開業の頃から勤めている老スタッフは往時と現在について、微笑《ほほえ》みながら次のように語った。

「あの頃のオーキッドロッジはパタヤでもっとも敷地が広いホテルでした。まるで植物園のようで、小さな滝があり、猿、熱帯の鳥、蛇とさまざまな動物が庭にいました。ゲストは欧米人がほとんどで日本人は少なかった。いずれの方たちも最低でも3週間は滞在していましたから私たちスタッフとは親密でした。いまだから言いますが、フランス人はチップが少なかった。ドイツ人はマジメで私たちスタッフにドイツ語を教えようと必死だった。

敷地にはスタッフが暮らす家族寮もあり、私の一家もそこにいました。ホテルの場合、勤務はシフトになります。私が働いていた時は他のスタッフがまだ小さかった子どもの面倒を見てくれました。みんなで子どもたちを育てるというシステムだったのです。子どもたちは大きくなるとバンコクの学校へ行き、卒業して戻ってきたら、またうちのホテルで働きました。すべてが良い時代だったのです。

いまは3週間も過ごすゲストはいません。欧米人ではなくアジアの客、とくにインド人がほとんどです。あとは太陽の光を求めてやってくるロシア人でしょうか」

近藤家とルロワ家が親しくなったのも、毎夏、3週間近く顔を合わせていたからだ。そして、ホテル自体が商業的な雰囲気ではなく、家族的な経営だったために、宿泊者

同士も仲良くなったと思われる。

近藤にとってパタヤビーチでのバカンスは娘とゆっくり話をするにはまたとない機会だった。バンコクでは仕事が優先してしまうから、きちんと向かい合う時間をなかなかとれない。だが、オーキッドロッジでは時間はたっぷりとあった。将来の進路について語り合うことができたに違いない。本のなかにある近藤とユンの会話からは、ベトナムでは赤の他人に近かったふたりが親密な時間を過ごすうちに、遠慮のない本当の親子関係になっていった様子がうかがえる。

「『なあ、ユン、友達との付き合いでいちばん大切なことはなんだと思う?』

『……相手に親切にすること、だろ?』

『うん、でもちょっとニュアンスが違う。いちばん大切なのは、ただその場その場で親切にすることだけじゃない。相手に対して本当にサンセリテ(誠実さ)をもって接することだと思うよ』

(略)

『今はいい友達でも、一度別れて長い間会わなければ、どうしてもアミチエ(友情)はファネ(色褪《いろあ》せる)していく。それは仕方のないことなんだよ。だけど、お前が本当のサンセリテをもって付き合えば、このうちの何人かは、たとえ遠くに離れて住んでいても、お前の中で一生涯、心の通う友達として生き続ける』」（『バンコクの妻と娘』）

タイから帰国したのは1983年。近藤は国際報道部の次長になった。だが、よほど暑熱の国での勤務がこたえたのか、身体の変調を訴えるようになった。彼が構想していたベトナムの次のテーマとは家族だった。『サイゴンから来た妻と娘』シリーズをユンを主人公した家族小説に仕立てていく。その後は近藤の父、祖父を登場させる近藤家の物語を書こうとしていた。ベトナムで得た娘とのつきあいを深めていくなかで、彼は家族を考えるようになっていった。バンコク駐在の日々は東南アジア情報に関心を深める一方で、彼は家族という答えを見つけたように思われる。なぜ、自身の祖父、父について書きたいと思っていたかはまだこの頃は明らかになっていない。担当編集者だった文藝春秋の新井でさえ、そのことを知るのは近藤が亡くなった直後になる。

# 第10章 パリの近藤ファミリー

JOJO

1982年8月、近藤がバンコクから帰国する前、ユンはタイを出て、フランスに渡った。大学進学準備のためにパタヤで知り合ったルロワ家に寄宿することにしたのである。

同じ年の10月、近藤はサイゴン陥落（75年）以来、初めて、取材でベトナムを訪れることになった。目的地は妻や娘と出会ったホーチミン（サイゴン）ではなく、首都ハノイであり、また、中国との国境地帯だった。

最後の書き下ろし作品『パリへ行った妻と娘』にはベトナム再訪についての記述はあるが、あまりに素っ気なく、わずかな内容しか書かれていない。取材したことの多くは新聞記事となったのだろうけれど、それにしても、本のなかに書いてあることは少ない。ベトナムへの旅は戦争特派員の彼にとっては感慨深いはずだ。なんといっても、ベトナム戦争の間は北ベトナム領には入れなかったのだから、初めて現地に足を踏み入れて感じたことはたくさんあったはずだ。ところが、同書には戦後のベトナムにも、ハノイの事情についても、驚くほど記述が少ない。

考えられるのは、まずベトナム政府への遠慮だ。彼は友人への手紙に「北ベトナム政府からの招待旅行」とはっきり書いている。共産主義の政府からの招待旅行であれば、本音を書いて新聞や雑誌に発表することはできない。だからといって、歯が浮くような褒め言葉を書けない彼としては、なるべく文字の量を減らして、観察記にするほかはなかったのだろう。加えて問題は妻だった。「二度とベトナムへ行かない」と決めてしまえば、招待旅行であっても、歯に衣《きぬ》を着せず北ベトナム政府について書くことはできる。しかし、そうすれば妻が故郷に帰ることができなくなる。近藤は自らがベトナムへ入国できなくなることについてはさほど気にはしなかっただろうが、妻にとっては大切な国だし、親戚も多く住んでいる。妻のことを考えたら、政府について筆先がにぶっても仕方ない。

さらに、北ベトナムについて記述が少ない理由は繰り返しになるが、『サイゴンから来た妻と娘』シリーズが家族小説に変わったことにある。あらためてベトナムについて書くよりも、家族について書かなくてはならないことがいくつもでてきたのだろう。

そして、何よりも書かなくてはならなかったことは、近藤がハノイに出張していた間に妻のナウがパリで大きな買い物をしたことだった。彼の関心はハノイよりも、妻の買ったものに向けられていたのである。

ハノイへの取材旅行中、近藤は妻から至急電を受け取った。発信はパリからだった。妻のナウはフランスに行った娘、ユンの様子を見に行くため、ひとりで出かけていた。

「(注　国際電報の)封を破ると、フランス語で二行足らずの短文である。

『――ドル・オクレ、ダイシキュウ・ゼッタイ・ヒツヨウ、デンシンデ・スグ・オクレ』

金額の部分を読み直し、『なんだって!』思わず口走った。途方もない金額である。尋常の要求よりもケタが二つほど違う」(『パリへ行った妻と娘』)

電文を見た彼は、娘が事故にあったか、それとも急病にでもかかったのかと心配した。どういった事情でそれほどの大金が必要なのかがまったくわからなかったからだ。それでも、「ダイシキュウ」とあったため、彼は東京の従兄《いとこ》に連絡してなんとか金を工面する。従兄は貸してくれたものの、金額の大きさにあきれ果て、次のようなセリフを投げつけた。

「まったく、お前らどうかしてるぜ。女房も女房だが、亭主も亭主だ。こんな馬鹿をしてたら、そのうち野垂れ死にだぞ」

妻へ送金した額は日本円でおよそ2千数百万円。当時もいまも、大金である。いったい、彼女はその金を何に使ったのか。

本を読んだかぎり、彼女は夫に相談することなく、マンションを買っている。ベトナム系移民が大勢暮らすパリ市内の13区に70平米のマンションを購入したのだった。しかも、パリのマンションの名義は妻で、相続人は娘のユンだった。近藤は金を出しただけである。

近藤の驚きと腹立たしさは想像がつく。仮に海外旅行に出かけた妻から「マンションを買った」と告げられたら、誰だって、心臓が止まる。仕事どころではない。それでも彼は妻の買い物を止めることはしなかった。男がすたると思ったのかどうか、妻の決断を受け止めている。

これ以降、近藤は東京の賃貸マンションの家賃を払い、娘の留学費用を工面しながら、さらにパリのマンション代の借金を払い続けることになった。それにはますます原稿を書く量を増やすしかない。そういった事情を分かっていても、なお妻の買い物好き、旅行好きは止まらなかった。彼女は何かと言えばパリに出かけるようになり、今度はパリからベトナムの親戚へ物品を送るようになった。東京で働く近藤が妻や娘と顔を合わせる時間はほぼなくなった。

「『わかったよ。これで君もいざというときに安住の地ができたわけだ』『そう、本当はそれも欲しかったの。あんたのような物ぐさだと、一生かかっても住む家なんか持てやしないからね』

それを言われると返すことばがない。たとえ私がこうして旅から旅への人生を過ごし、一生持ち家無しで過ごすことに痛痒を感じなくとも彼女のほうはそうもいくまい。たとえ遠いヨーロッパとはいえ、とりあえずの拠点を用意したことは、彼女にとって娘の監視だけの意味合いからではなかったのであろう」（同書）

本のなかでは妻の言い分をよしとしているが、ふつふつと湧《わ》きあがってくる腹立ちを抑えるために、自分を納得させようと無理して書いている部分も見て取れる。

「何といっても買物は女性の楽しみなのだ。最近とみに（注　妻が）旅行づいたのは少々懐にこたえるが、前半生を死物狂いで生きてきた彼女が、これから多少、人生を楽しもうと考えても、夫として文句をつけるわけにいくまい。むしろそれは当然の権利といってもいい」（同書）

この部分に関しては読者に向けてというより、妻の浪費を納得するために、自分自

身に向けて書いているとしか言いようがない。

「妻がマンションを衝動買いした」ことについてだが、ある手紙が見つかるまで、ナウは近藤に何の相談もせず契約をしたのだとばかり、私は思っていた。著作を読む限りにおいて、誰がどう読んだとしても、その感想は変わらないだろう。

ところが、マンションを買うよりも少し前に近藤が友人の倉持宛に送っている手紙を見ると、なかにはこう書いてあったのである。

「パリでは、たまたま毎年、バンコク（注　パタヤ）に夏休みに来ている仏人一家が家族同様にユンを可愛《かわい》がってくれ、学校もすぐそばなので、全面的に引き受けてくれることになり、今、その家で暮らしています。

女房は、娘に去られてガックリ、ちょっとメソメソしています。

相談の結果、将来のためには彼女名義でパリにアパートを購入しておこうということになり、近日中にこんどは女房がひとりで物色しにでかけます。向こうには彼女の友人も多いので、すでに彼らが二、三、物件を見つけてくれており、なんとか適当なのが見つかると思います。

女房がパリで購入手続きなどしている間、小生は少々長期の北部ベトナム旅行の予定が決まっており（先方の政府からいってきたもので）、十月、十一月は夫婦パリとハノイに生き別れという仕儀になりそうです。

この旅行が終わったところで、小生は当地を切り上げ、いったん日本に戻る予定。(女房もです）そして適当な期間をおいてサンケイを離れ、少々日本でこんごのたつきの道について根固めしたうえで、一、二年、パリで暮らそうと思っています」（9月21日　倉持への手紙）

手紙にはパリのマンション購入は妻の独断ではなく、ふたりで相談したとはっきり書いてある。考えてみれば、いくらナウが独断専行の人であっても、旅行先で突然、「マンションを買おう」と決断するとは思えない。自分では金を持っていないのだから、買う前にまず夫に相談するに決まっている。ところが、近藤は読者に向けては「妻が独断で買った」と思わせるように書いている。

ではなぜ、彼は出来事を起こった通り、そのままに表現しなかったのか。

それは、ナウが衝動買いしたとしておいた方が読者がびっくりして面白がるからと考えたからとしか思えない。

また、この書き方は事実を変えたわけではない。マンションを買ったという事実は実際にあったことで、彼はないものをあると言ったわけではない。だが、私には強烈な違和感がある。なぜなら、こういう書き方をすればナウの印象が悪くなるからだ。はっきり言うと、「男らしくない」。事実は曲げていないけれど、この書き方で一方的に損をするのは妻である。そうでなくとも、本に出てくるナウのイメージはよくはない。金遣いが荒く、気が強く、娘にも手を上げるというものだ。マンションのエピソードが加わることで、彼女には常識外れというイメージまで付加されてしまう。もっとも、彼女自身は近藤が何を書こうが、自分たちの生活さえきちんとしていければ、自分のイメージなどにはこだわらなかったと思われるが……。

それにしても、私は彼がこうした書き方をする意味がつかめなかった。おそらく読者さえ喜んでくれれば、自分たち夫婦のイメージなどはどうでもいいと思ったに違いない。しかし、それにしても小手先の表現である。何よりも、事実に重きを置いていない態度が感じられる。彼にはノンフィクションという形態が性に合わなかったのかもしれないが、だからといって、やらなくともいい工夫をする必要はない。

他の手紙ではノンフィクションについて、彼はこんな意見を言っている。

「新井さん（注　担当編集者）は小生をノンフィクションの書き手として鍛えていきたい意見のようですが、とかく『文学趣味』がでてきちまって、いわゆるノンフィクション作家には体質的になれないいんじゃないかと思います。論より証拠に、立花隆も

Pakkaï 百佳

柳田国男（注　邦男）も実はおもしろく読めないんです。

時事的、新聞屋的興味はあっても、現在、世にもてはやされているノンフィクション物の幾つが二十年後、新鮮に生きつづけるかというようなことを考えてしまいます」（7月28日　倉持への手紙）

ノンフィクション作家にはなりたくない、早く小説家になりたいと言っているのだろうけれど、では、彼は小説で何を書きたかったのか。そして、書こうという意思はどこから来ていたのか。彼はこうも述べている。

「小生の書いたものを最終的に分類すると、私小説かとみずからも思っています。深刻癖もあえて避けているので、閉鎖、沈思、血を吐く静かな独白……、ではなく、ここから広がっていければといった心の置き方です。もっと強くなれば葛西《かさい》（注　善蔵　私小説作家）風にもっていけるんでしょうが、小生の神経ではその前に首吊《つ》っちまう恐れあり。

（略）

私見を述べると『普遍に触れればよい』とは先般会った司馬（注　遼太郎）氏の一言でしたが、まあ、近藤流私小説、どうもジャンル不明で困りますね。

もともとワクにはまりたがらない不遜な性格でもあります故。

（略）

小生はかなり不純な動機に迫われて書いてきたし、これから書き続ける場合もそうでしょう。少なくとも妻子を路頭に迷わせるわけにはいかんので」（7月28日　倉持への手紙）

枠にハマらない私小説を目指すとも読めるが、実のところは何かを書くかが定まっていないのか。ノンフィクションや新聞記事はもう嫌だと言っていることはわかる。では、その後には何が来るのか。少なくとも、あふれるようなアイデアを持っていたわけではない。もし、これを書きたいというものがあれば、手紙にはそれが書かれているはずだから。この時点での近藤紘一は目の前のことに追われて生活を維持するために大量の仕事をしていたようだ。

手紙にある「不純な動機」とは生活の維持を指すが、近藤家は金のかかる生活をしていた。パリに娘をやり、マンションを買い、しかも、妻は年に数度もベトナムの親戚へ物を買っては送っていた。別の手紙のなかには「妻がベトナムの親戚に送った土産の数」について触れているくだりがあるが、ナウは100人以上の親戚へ送ったため、「数千ドルかかった」（1982年　1ドルは235円）と書いてある。親戚に送る土産代だけで200万円近くが出ていってしまうのが近藤家の家計だった。

いくら働いても金など残らず、ゆっくりと小説の構想を練る暇などなかったろう。とにかく突っ走るしかないと決めて馬車馬のように仕事をしていた。書きたい小説など、決まっていなかったのである。

この後、2年ほどたって彼は近藤家の先祖からの物語を構想した。しかし、すでに病魔に侵されていたため、作品は完成しなかった。

さて、話はふたりが買ったパリのマンションに戻る。それはいまも同じ場所にあり、「全館冷暖房完備に広い浴室を備えた」7階建てビルの一室だ。建物がある13区の中華街は中国、ベトナム、カンボジアからの移民が住む庶民的なエリアで、画一的デザインの高層アパートがいくつも建っている。マンションから最寄りの地下鉄プラス・ディタリー駅までは歩いて3分、同駅から市内中心部のシャンゼリゼまでは30分ほどで着く。便利な場所ではあるが、パリを訪ねる観光客が行くところではない。

近藤が亡くなった後、ナウは8年間、日本で暮らし、そしてパリへ移った。そのまま13区で暮らしていたが、2009年、思い立って南仏へ転居する。ユンによれば「年を取ったら、冬が寒いパリよりも南の方がいい」といった理由だった。

パリの13区についてだが、チャイナタウンができたのは第一次大戦時にさかのぼる。フランスでは若い男性が兵士となって戦場へ赴いたため、国内で働く労働力が足りなくなった。そのため、当時、植民地だった中国や仏領インドシナ（ベトナム、カンボジア、ラオス）から10万人規模の移民を集めてきたのである。その時、移民たちがまとまって住居を見つけたのが、パリの中心部から南にある13区だった。その後、ベトナム戦争のさなかから戦後にかけてはベトナム移民がやってきて、次いで、ポルポト政権から迫害されたカンボジア人が渡ってきた。フランスの植民地だった地域に戦争や政変が起こると、人々は国を出て、パリの13区を目指したのである。

13区のチャイナタウンはヨーロッパ最大規模だけあって、界隈は東洋系の顔をした人々が多数派である。白人や黒人も見かけるけれど、多くはない。中華、ベトナムといった東洋系の飲食店がいたるところにあるし、カフェやブーランジェリーといったパリ風の店舗でも、入ってみると、働いているのは東洋系の人々だ。

ただし、チャイナタウンとはいっても、私たちが知っている横浜や神戸のそれとは少し様子が違う。横浜や神戸のチャイナタウンは入り口に屋根のついた門があって、街区全体が中国風になっている。しかし、13区チャイナタウンの全体基調はあくまでフランス風だ。高層アパートや古いヨーロッパ式の建物があり、その1階を中華料理店やエスニックの土産物屋が浸食している。外側からは目立たないけれど、アジアがヨーロッパを浸食している。そして、パリのチャイナタウンで食べる料理の味は世界のチャイナタウンのなかでも最上位にランクしてもいいと思う。ロンドンやサンフランシスコよりも、やはりパリの人々の方が味にうるさいから、中華料理もおいしくなるのだろう。

たとえば、日本人がシャンゼリゼのホテルに1週間以上も滞在していると、朝のクロワッサンとカフェオレにも飽きてくる。そんな時、私ならメトロに乗ってチャイナタウンへ行く。中華粥《がゆ》やフォーを出す店が開いているから、そこで、あたたかいご飯の朝食をとる。パリは寒い。冬の朝、熱々のフォーを食べるだけで生き返った気分になる。

チャイナタウンのなかで、ナウやユンが行ったことのあるベトナム料理店を見つけた。「フォー・タイ」という店で、タイは漢字で「大」であり、看板は「Pho 大」だ。大きな店ではないけれど、味の良さで知られ、パリの有名シェフ、アラン・デュカスも贔屓《ひいき》にしているという。

オーナーシェフの名前はテ・ペピン。1953年、南ベトナムのダナンに生まれて

いる。父親がサイゴンのフランス大使館に勤務していたため、幼い頃にフランス国籍を取得できたという。ベトナム戦争が激化した1968年に出国し、パリに留学する。大学を卒業したが、会社に入ることなく、チャイナタウンで料理の修業をした。

「料理の道に入ったのは、おいしいフォーの作り方を知っていたから。フランスに来る前にサイゴンで、あるマダムからスープの取り方を教わった。生涯でもっともおいしいスープだった。最高のスープの作り方を知っていたから、料理で成功すると確信していたんだ。これほどのフォーを作ることができるのはフランス、ベトナムを通じて私ひとりだと思う。大学を出て料理人はおかしいという人もいるけれど、勉強ができるよりも私にとってはおいしい料理の方が価値がある。息子は大学を出てエンジニアになり、娘は修士を取ってロンドンの会社に勤めている。でも、私から見たら、ふたりともかわいそうだ」

彼がパリにやってきた当時、13区のチャイナタウンには中国人よりもベトナム人の方がはるかに多かった。

「ディエンビエンフーの戦い（1954年）の後、パリにやってくるベトナム人が増えたんだ。解放側のベトミンではなく、ベトナム植民地軍兵士としてフランス側で戦った人間もいたからね。アメリカとのベトナム戦争が終わってから、また大勢が移民してきた。しかし、いまでは中国人でいっぱいだ。ベトナムは景気がいいから、若いやつらは国を出ようとは思わないだろう」

　ベピンによれば、パリのベーナム人は同朋意識が強く、固まって、助け合って暮らしてきた。同じ東洋系移民でも、中国人はフランス全土に散らばったが、ベトナム人はほとんどがパリの13区に集まっているとのこと。

　彼は「キミもベトナムを見てきたのか？」と尋ねてきた。

「ええ、行きました。ホーチミンとメコンデルタだけですが」

「いつ？」

「つい、先日です。パリに来る前です」

　彼はにやっと笑った。私の肩を叩いて言った。

「バカだなあ。いいか、もっと昔に行くべきだったんだ。いまのベトナムより昔はもっと美しい国だった。それに、70年代、80年代は戦争続きで町に若い男がいなかった。外国人の男は誰でもモテモテだったんだぞ。惜しかったな。国を出たい女の子が大勢いたのだから。その時に行くべきだったな」

　ベトナム戦争を通して、アメリカ人死傷者数は5万8000人に上った。一方、南北ベトナム合わせた死傷者は軍人、民間合わせて約300万人とされている。国の人口の1割以上が失われたのである。特に減ったのは兵士となって戦場へ向かった若い男性だ。戦争とはどんな戦争であれ、若い男が町から姿を消すことなのだ。

私にとってベピンの話は目からうろこが落ちるものだった。

「あ、そうだったのか」である。

近藤紘一がベトナムでモテていたのは本人の個人的な魅力のせいだと思い込んでいた。写真を見ればハンサムだし、英語も仏語もできる。ベトナム人美女のナウと似合いのカップルだと感じていた。

しかし、ベピンの話に従えば近藤でなくとも「外国人の男性ならば誰でもモテた」。特に結婚を約束し、海外に連れて行ってくれる男性なら、さほどハンサムでなくともモテたというのが真実だ。

当時のベトナム人女性にとって、各国から来ていた戦場特派員はあこがれの対象だった。特派員なら知的エリートだし、そこそこの生活もできる。ベトナムにやってきたアメリカや韓国の兵隊よりも、望むべき結婚の対象だったに違いない。

戦争が始まると生活のなかから若い男性がいなくなる。残った女性たちは海外へ出ていくことを考えるようになる。ベトナムに限らず、国土が戦場となり、若い男性がいなくなった国では多かれ少なかれ同じことが起こった。これからも同じことは起こる。戦争とはそういうものだ。

さて、近藤紘一のその後である。

娘をパリに送り出して、日本で暮らすようになった彼は体調の悪化にひどく悩まされるようになった。

# 第11章 美しい昔を思い出して

1983年にバンコク駐在から日本に戻った近藤はサンケイ新聞国際報道部に勤務しながら次々と本を出していった。84年6月には『国際報道の現場から』(中公新書古森義久氏と共著)、10月には小説『仏陀を買う』を発表。『仏陀を買う』では第10回中央公論新人賞を受賞した。85年には『パリへ行った妻と娘』を刊行。いずれの作品も書き下ろしである。新聞記事を書きながら、2年間で3作を書き下ろしたことになる。

85年の7月、胃に変調を感じたため、彼は虎《とら》の門《もん》病院に入院した。――本人は潰瘍《かいよう》と信じていたが、実際は胃がんが進行していた。結局、この年は病院暮らしとなり、妻はパリに行った娘のユンを呼び寄せる。妻と娘は病院に通い、懸命に看護したのだが、病状はなかなか好転しなかった。

文藝春秋の編集者、新井信も家族同様に近藤の病院に通っていた。

「年末には自宅に戻れることになっていたのだけれど、結局、無理だった。それなのに、正月だからとラーメンを取り寄せて食べたり、奥さんのナウさんと一緒にベッドに入ったりしていたから病院の看護婦さんはぷりぷりと怒っていた。医師や看護婦の言うことを聞かない患者だった」

年が明けて、1月24日、湘南高校からの友人、NHKアナウンサーの吉川精一は病院へ見舞いに行った。近藤はベッドに寝たままで、起き上がることすらできなかった。

その時の様子を吉川はこう書いている。

「今まで一度もユンちゃんに会う機会はなかった。今はパリの大学に通っているはずだ。

『大学はいつまで？』

『アト、ハントシデス。オトウサンガビョーキナノデ、チョットカエッテキマシタ』

私と神谷とユンちゃんの会話を近藤はつらそうな目で見ていた。時折、痛むのか、頭を激しく振っている。顔も彼の手足も怖ろしく細っていた。丈夫そうだった歯が煙草《タバコ》のヤニを塗ったように真っ黒になっていた。

『こんなにヤセちまった。大分かかるみたいだ。腹のあたりに大きな潰瘍があって、体力をつけないと手術ができないらしい……』

近藤はまだ治るつもりでいる。

『それに、この二人を路頭に迷わさないためにも本を書かなくちゃいけないし……(略)』」(『月曜日のカーネーション』海竜社)

彼の病状は悪くなる一方で、吉川が病院を訪れた3日後、家族は親しい人間に「近藤に会いに来てくれ」と連絡する。

真っ先に駆け付けてきたのが新井信だった。

「私は前日、あるノンフィクションライターを熱海《あたみ》にあった文藝春秋の寮に缶詰にして、早朝、自宅に戻ってきたところでした。そうしたら、ナウさんから電話があって、とにかく病院に来て欲しい、と。それで、虎の門病院にタクシーで行ったら、臨終の時だった。忘れられません。

病室にいたのはナウさん、ユンちゃん、近藤家の両親、弟、いとこ……。私が入っていったら、家族が呼びかけていた時だった。本当に最後の最後だった。ふと彼のベッドの周りを見渡したら、彼の声が入った録音テープ、書きかけの原稿用紙が1枚、それから文庫本の『白い巨塔』の下巻だけが置いてあった。なぜ克明に覚えているかと言えば、最後に病室から遺品を片付けて回収してきたんです。『白い巨塔』は主人公ががんにかかって亡くなるところまで読んでいたようだった。そして、原稿用紙に

は近藤家の歴史についてのことが書いてあった。次の小説は近藤一族、家族について書こうとしていたのでしょう」

新井が言っているように、近藤がベトナムの次に執筆したいと思っていたのは近藤家の歴史だった。祖父から始めて、どこまで書こうとしていたのか、それは新井にも打ち明けてはいない。

1月27日午後1時58分、家族や新井が見ている前で彼は息を引き取った。胃がんは入院時にすでに肝臓などに転移し、身体のすべてを冒していた。満45歳。これからという年齢であった。

告別式は神楽坂《かぐらざか》にある真言宗南蔵院で行われ、司馬遼太郎が弔辞を読んだ。45歳と若かったこともあり、友人知人、書籍ファンまでも参列した盛大な葬儀だった。

告別式の最後、喪主の近藤ナウは次のような挨拶《あいさつ》をした。

「私は主人が死んでかなしいです。とてもくやしいです。どうも、きょうはみなさん、ありがとうございました」

片言の日本語だった。ナウの横に立っていたユンの頭にあったのは、「一緒に死ねるものなら、パパの後を追っていきたい」という気持ちだった。

ベトナムから日本にやってきたふたりは大切な夫、父親を亡くした。家族3人が一緒に暮らした時間は数年ほどしかない。近藤はしじゅう、海外に出張していたし、晩年、ユンはパリに留学していた。ナウはパリのマンションを我が家のようにしていた。3人は病院で話をしていた時が久しぶりの家族水入らずだったのである。

亡くなった後、ナウは日本でひとり暮らしをしていたが、パリにマンションを買っていたこともあって、娘がいるフランスに渡った。市内13区のチャイナタウンにあるマンションに暮らしていたが、その後、南仏に移っている。

ひと足先にフランスに暮らしていたユンは大学には進まず、シャルルドゴール空港内の通関会社に勤務し、日本と韓国向けの輸出業務に携わった。ティーンエイジャーの頃はフライトアテンダントを目指していた彼女だが、夢はかなわなかったにせよ、空港で働く仕事には就くことができたことになる。

その後、結婚して子どもができたのをきっかけに会社を退職したが、育児に手がかからなくなってからは復職し、現在はパートタイムで働いている。

彼女が結婚したのは近藤が亡くなった2年後だ。相手は本に出てくるピエール青年。ふたりの間にできた男の子の名前は彼女がつけた。ジュリアン・コウイチ。彼女にとって最愛の父の名前を息子にプレゼントしたのである。

2013年1月、私は近藤ユンに会うためパリへ行った。彼女はパリ郊外に暮らしているのだが、そこに行く前にまず、ナウが住んでいたマンションを外から眺めることにした。マンションは地下鉄プラス・ディタリー駅から歩いてすぐの大通りに面した建物だ。周りには中華料理店、ベトナム料理店、東南アジアの食材を売るスーパーなどがある。

そのあたりに観光客はこない。だが、パリに住む人はエスニック素材を買うため、あるいはエスニック料理を食べるために足を運んでくる。

あたりを観察した限り、ナウにとっては暮らしやすい場所だったと思われる。日本で暮らすよりも、同胞が大勢いるし、ベトナムの食材も手に入る。物価だって、東京よりは安い。

チャイナタウンを散歩した後、モンパルナス駅からランブイエ行の列車に乗り、ユンが暮らす郊外の駅を目指した。20分後、列車が着いた駅は再開発地区で、駅舎に高層住宅とショッピングセンターが直結していた。駅を降りると、彼女が待っていた。著書に載っていた写真の面影が残っており、「コンニチワ」と挨拶されたので、ああ、

華都酒家
RUE BAUDRICOURT
Vietnamien
華都酒家
PALAIS D'ASIE

ユンちゃんだなとわかった。彼女は私たち読者の間では「ユンちゃん」なのだけれど、51歳である。それ相応のシワはある。駅近くのカフェに席を取り、話を聞いた。カフェで彼女が注文したのは紅茶である。フランスのカフェで紅茶をオーダーする人はまずいない。なぜ、紅茶なのか。

彼女は言った。

「コーヒーは40歳でやめました。お父さんがコーヒーと煙草《タバコ》で命を縮めたから、息子のためにやめたんです」

話はフランス語と日本語が半分半分である。フランス語で言ったことをもう一度、日本語の単語に直して補足してくれたから、意味はわかった。私は、フランス語を勉強しているような気分だった。

父親の死はいまでも昨日のことのように覚えていると言った。

「お父さんは煙草をいっぱい吸って、コーヒーをたくさん飲んで、時々、お腹が痛い、身体がだるいと言っていたけれど、病院へ行かず、様子を見ようと言うだけ……。薬も飲まなかった。働く時はがむしゃらに働いたから身体をこわしたんだと思う。

お父さんが死にそうになって、私は日本に戻り、病院に行きました。ママとふたりで交替で、お父さんの看病をしました。私は日本に来た時から、パパをお父さんと呼んでいたんです。日本で暮らしていると、パパと呼ぶのは小さな子だけだったから、お父さんと呼ぶことにしようと決めたのです。ですから、いつもお父さん、お父さんと呼んでいました。

お父さんが死にそうになった時はもう、何もしゃべれなくなって、お父さんと私は手を握っているだけでした。最後の言葉はありません。苦しそうにしていたのを見守っていただけです。死んだ後、もし、自分がその場で死ねるのならばその日の夜までに死にたかった」

彼女は低い声で呟《つぶや》くようにしゃべり、「死にたかった」と日本語を使った。そして、涙を流したけれど、すぐにニコッと笑った。

「初めて会った日本人がお父さんでした。私は本当の父親を知りません。物心ついた時からママと親類とサイゴンのファングーラオ通りで暮らしていましたから。ママはレストランをやっていて、店の名前はトゥイ・ニューです。11歳の時、お父さんがママと暮らし始めました。とても優しい人でした。あの頃のサイゴンは男性といえば、老人と小さな子どもしかいなかったから、お父さんのようなハンサムな中年の人は珍しかったのです。カッコよかったし、フランス語と英語が上手でした。ベトナム語はできなかったから、ママも私もお父さんとはフランス語で会話しました。お父さんとママは結婚式もやりました。サイゴンのレストランで。ママはアオザイ、お父さんは白いスーツで、お客さんは100人くらいも来ました」

彼女は日本へ行く。1974年、ユンは13歳だった。

「ベトナムは私の祖国。でも、当時は戦争でしたから、日本へ行くのはとても嬉《うれ》しいことだった。それに、お父さんの国を発見しに行くわけだから、とても楽しみでした。東京に着いた時、ビルディングがたくさんあったことに驚きました。人も多かった。戦争中のサイゴンは人のいない、ほんとうに静かな町だったんです。東京では東京タワー、上野、浅草へ行きました。日本人はみんな、優しくしてくれて、礼儀正しいし、本当に信用できる人たちが集まっている国だと思います。

お父さんは仕事から帰ってくると、よく肩車をしてくれました。休みの日には3人で鎌倉の海へ行って泳いだのを覚えています。ママは厳しいから反抗したりすると、竹の棒でお尻を叩《たた》く。でも、お父さんは私がいたずらしたくらいでは怒りません。たった一度だけ、私がママに間違った態度を取ったら、『こら、ユン』と頭を叩かれました。たった1回だけです。ママからは覚えきれないくらい、何度も竹の棒で叩かれたけれど。でも、私は自分の息子を叩いたことはありません。だって、可哀そうでしょう」

近藤がユンを育てる時、頭にあったのは無国籍の人間にしないことだった。彼女は成長期をベトナム、日本、タイ、フランスで過ごしている。

娘が「自分の国がどこなのか」を迷ってしまうような環境に置いたことをひどく心配したのが近藤だった。

「お父さんとは国についての話をしたことはありません。でも、お父さんの心配はわかっていました。お父さんは私にフランス語を勉強しろと言うのです。人格を形成するための言語はフランス語がいいんだと言いました。そこで、私はその通りにやってきました。いま、私はフランスに暮らし、フランス語で考えます。主人はフランス人です。でも、私は自分の国はと問われたら、フランスとは言いません。日本と言います。国籍も日本人のままです。また、ベトナムは祖国ですけれど、もう私の国ではありません。

人間にとって、『私の国』とはそこに住んで暮らしていて心地よい国のことではないでしょうか。私はいま日本に暮らしてはいないけれど、時々、帰って日本を満喫しますし、いつも日本のことが頭をよぎります。私の息子のコウイチはサイゴンにも東京にも行ったことがありますが、どっちが好きと聞いたら、すぐに東京と答えます。

私はお父さんの本を読んだことはありません。日本語もわかりますから、読もうと思えば読めます。でも、お父さんを思い出してしまうから、一生、読むことはないでしょう。日本にはいつか帰りたいです。友だちもいますから。ベトナムへは旅行することはあるでしょうけれど、住みたいとは思いません。最後まで暮らすのならば日本です。私が好きな国は日本、日本だけです」

近藤が書いた『サイゴンから来た妻と娘』シリーズは、生まれた国を離れて日本に来た人間の考え方や行動の面白さが大勢の読者に支持された。読者にとっては、近藤、ナウ、ユンは親戚の一家みたいなもので、はらはらどきどきしながら、近藤一家の生活を見守ったのである。なかでも、みんなが注目したのが少女だったユンだ。彼女の人生がうまくいきますように、と、読者はユンちゃんの保護者になったような気持ちになってページを繰った。

単純に読めば同シリーズは人間が異文化に出会って右往左往することを記した話である。むろん、そこに近藤の視点、文章技術の確実さが表れているのだが、エンタテイメントとしての面白さとは別に、大きなテーマが内在している。それが、「人間にとって国とは何か」「国籍とは何を意味するのか」というものだ。さまざまな国で暮らしたユンの成長を通して、読者は知らず知らずのうちに人間と国の関係を考える。だが、著者自身は本のなかに明確な答えを示していない。

では、答えはどこにあるのか。長い取材旅行の末、私に答えを教えてくれたのはユンだった。彼女が考える「私の国」とは「その人にとって心地よい国」のこと。ベトナムは祖国だけれど、「私の国」ではないし、暮らしているフランスも彼女の「私の国」ではない。私の国は国籍にかかわりなく、自分の意思で選ぶ。彼女はそう言っている。

彼が書いた本は海外情報や面白おかしい話の羅列ではない。人間と国という大きなテーマを据えたものだから、彼が亡くなった後も通用しているのだろう。

近藤紘一はパリ、サイゴン、バンコクの3都市に駐在した他、カンボジア、シンガポール、フィリピン、インドネシア、イランなど世界各地を取材で訪れている。いずれの土地へ行っても彼は記者としてニュースを追ったが、時間を見つけて普通の市民の生活を見に出かけている。食堂、飲み屋、そして、真面目《まじめ》な新聞記者なら近づかないような場所にまで足を延ばし、庶民が楽しんでいるかどうかを確認した。

外界から隔絶した特派員専用のホテルや住宅にいたのではわからない、現地に暮らす庶民の生活を取材した。それが彼のスタイルだったからだ。

近藤紘一は「オレは人間を描く」と宣言して戦争のさなかのベトナムへ赴任した。

軍隊の強さや武器について書くのではなく、そこで暮らす人の考えや表情や姿を書いた。庶民のなかへ入っていったのはエキゾチックな生活実態が知りたかったのではなく、人間の強さやバイタリティを見たかったのだろう。

一般に、戦時下の国民はただただ無力で悲惨な国民として描かれる。受動的で状況を嘆く人のように描写される。しかし、彼は人間はそれほど単純な存在ではないと思って、取材を始めた。すると、サイゴンには戦争の真っただ中でも、ふさぎこむことなく、商売に専念するベトナム人が大勢いたのである。庶民にとって商売のチャンスがあるのは平和な時よりも、むしろ戦時下だとわかった。近藤紘一は商売に精を出し、貯《た》めた金で戦場から遠く離れたアメリカやフランスへ移住しようとするベトナム人のタフな精神に目を見張っている。

そして、ベトナムの庶民を評価した彼の視線は祖国、日本にも向かった。

「外国に身を置いて物事を眺めたり、思ったりしていると、そこから生じる想念が、しぜんとわが身、つまり日本人あるいは日本のありざまへの反省（といっては表現がややかたより過ぎるかもしれない。あえていえば遠隔観察、とでもいうか）に回帰、集約されてくることが多い。（略）

『日本を知るためには、外国に行け』

は、やはり、れっきとした真理のひとつと思える」（略）

「私たちが結果的には『固まって住み』やはり一種の『閉鎖社会』を構成していることは、主観的にも客観的にも厳然とした事実といわざるを得ない。

日本と東南アジア諸国の距離や差異は、近く似ているようでいながら宗教、慣習、人々の発想や生活形態など諸々の面で、実は日本――欧米間のそれらより遠い部分がたくさんある。

こういうところに、『関係のないことには目を向けぬ』という、今や日本人の一特性となってしまった（と、少なくとも私には思えるのだが）心の態度を持ち込んで暮らしたらどういうことが生じるか。差異が大きいだけに余計、私たちは地元から浮き上がった存在となる。（略）

考えてみれば何も外国に限らず日本でだって私たちは同じように、『関係ないこと』に対してみごとなまでに心を閉ざして日常生活を送っている気がする」（『妻と娘の国へ行った特派員』）

ベトナムの庶民は周りの人々との関係性を深めて戦争を乗り切っていた。どこへ行ったら食料が手に入るか、どこが安全かといった情報は積極的に人間と関《かか》わり、探していかない限り、自然に入手できるものではないとわかっていたからである。近藤にしてみれば、そうしたベトナムの人々に比べて、「余計なことに関わりたくない日本人」は物足りない存在に見えたのだろう。

つきあいのあった作家の司馬遼太郎は近藤紘一のことを「なみはずれて多い量の愛を持っていた」と語っている。つまり、人に対して過剰に関わろうとする精神を持っていたという評価だ。

「何年か前、君と、大阪の高層ビルの高層階の食堂で食事をしました。私は、たまたまカムラン湾がソ連の軍事基地になったらしい、というと、君は激しい音とともにナイフを落とし、

『何のために、あれだけのベトナム人が死んだんです』

と叫びました」（『目撃者』）

近藤にしてみれば独立を求めて多数の庶民が戦ったのに、それなのに、時のベトナム政府がソ連にすり寄ったことが許せなかった。彼は冷静よりも情熱、思索よりも行動、そして物事へ関わり合い深めていくことを信条とするジャーナリストであり、作家だった。

# 終章
# ベトナムと日本

浅草から始まり、ホーチミン、バンコク、パタヤ、パリと取材をした。足かけ5年間、近藤紘一が暮らしたところ、愛した場所を追って歩いた。

原稿を書き終えた日、私は彼のもうひとつの墓がある静岡県の富士霊園へ出かけていった。

早春のある日、JR東海道線に乗車して国府津《こうづ》駅で乗り換え、2両連結の御殿場線の車両の窓側シートに腰かけた。そうして車窓の風景を眺めながら富士霊園のある駿河小山《するがおやま》駅まで行った。

3月中旬、沿線は花の盛りだった。国府津を出てから、曽我、上大井、相模金子《さがみかねこ》、各駅のホーム脇には白と濃いピンクの梅が植えてあり、陽《ひ》の光に輝きながら咲いていた。遠景にあった山々には霞《かすみ》がかかったように見えたが、実は咲きつつある山桜のつぼみの色だった。つぼみの先端が淡く色づいて、山容を霞のように白く浮き上がらせ

近藤紘一
の墓

ていたのである。御殿場線の車両が線路を進んでいくにつれて、線路脇には梅の他、黄色の菜の花が加わった。色彩のなかを電車は進んでいき、春の光は淡い感じだったけれど、白、濃いピンク、黄色の花に当たると光を増したように感じた。

太陽の光そのものは近藤紘一が暮らしたベトナム、ホーチミンの方が明るいに決まっている。光線として空の彼方《かなた》からまっすぐに照射してくるからだ。しかし、御殿場線沿線にあふれる春の光は花に当たって、まぶしさを増した。

明るさ、光の強さではホーチミンのそれにかなわないけれど、まぶしさならば日本の春の光がまさっていた。

富士霊園は駿河小山駅からバスで20分である。園内には8000本もの富士ざくら、ソメイヨシノがある。私が行った時はまだ咲いていなかったが、すでにつぼみは開きはじめていた。あたたかい早春の日だったからだ。

満開の時期には白い花びらが舞うだろう。花びらに光が反射すると、霊園のなかにはやわらかい光があふれるだろう。

彼の墓は霊園の一角にある。

富士山は指呼の間とも言っていいくらいの間近だ。

墓石には「近藤紘一の墓」と書いてあるだけで、戒名、亡くなった日は裏面に彫ってあった。冨士霊園では墓石の形は統一されており、墓地の広さも同じ。言い方はやや変だけれど、お墓の団地みたいで、標準型の横長の墓石が並んでいた。それぞれの墓地には雑草が生えないように、砂礫《されき》のような土が入れてあった。砂礫のせいで殺風景な景色になっているのだけれど、とにかく墓地なのだから、それも似つかわしいのかもしれない。

だが、眺めは圧倒的だ。富士山が見え、季節になったら、桜が咲く。霊園へ行く沿線には梅、菜の花、山桜を楽しむことができる。

日本で生まれ、ベトナムのホーチミンで再生した近藤紘一はいま、冨士霊園と浅草の浅草寺に眠っている。

浅草の墓にはアジアの気配が漂い、冨士霊園は日本の自然に包まれていた。ふたつの国で暮らした彼らしく、眠る場所もまたふたつの国を想起させるところにあった。

# 解説

平松洋子

いま、なぜ近藤紘一なのか。

本作は、ノンフィクション作家、野地秩嘉さんが自身に向けた答えを見出《みいだ》すために踏みだした旅の記録でもあるだろう。

野地さんが近藤紘一に惹《ひ》かれたのは、しごく当然のなりゆきに思われる。サイゴン陥落、ベトナム戦争終結をはじめ、一九七十年代から八十年代にかけて激動のアジア情勢を第一線で報道、ボーン・上田国際記者賞を受賞した歴戦の新聞記者であり、その著書は『サイゴンのいちばん長い日』（七五年）、『サイゴンから来た妻と娘』（七八年・第十回大宅壮一ノンフィクション賞受賞作）ほか全十一作。うち八作はノンフィクション作品である。いかにして事実に迫るか。得た事実をどう分析し、構成するか。優れたノンフィクションとはなにか。または、読み手のこころに届くノンフィクションとは。おなじ生業につく者としてそれらの著作に触発され、人間像を解き明かそうという意欲に駆られたのも、ごく自然な流れに違いない。また、ベトナムから連れ帰った妻ナウ、娘ユンとの一家三人の暮らしぶりには、自分の人生に持ちこむことになった異文化を受け容《い》れて生きる濃密な日常がうかがわれ、興味が尽きない。八六年、四十五歳の若さで急逝するが、遺された写真のなかの姿は精気にあふれ、潑溂《はつらつ》としてどこか繊細、都会的な佇《たたず》まいがひとを惹きつける。突然絶たれた四十五年の生涯、しかし、そこには濃縮された人生の微醺《びくん》がある——書き手としての野地さんの熱量が、ホーチミン、バンコク、パタヤ、パリ、ゆかりの地を巡る旅に駆りだした。

ひとりの人物を描きだすための手法はさまざまだが、本作は、書き手自身が「旅」を軸足にして人物像へのアプローチを試みようとするところがユニークだ。かんがえてみれば、そもそも近藤紘一は旅の空の下に生きたひとだった。フランス遊学を経て、特派員としてパリに二年、サイゴンに四年、バンコクに五年。つまり、社会人になってから多くの歳月を異国で暮らしつづけた。その意味で、旅をしながら近藤紘一を体感することとは、野地さんにとって欠くべからざる方法論だったと思われる。

旅の真実は、足を踏みだして旅にでた者にしかわからない。初めてタンソンニャット空港に降り立ったとき、野地さんは『サイゴンから来た妻と娘』の一節を思い浮かべ、在りし日の視線をなまなましく意識する。「南国の自然は、圧倒的だ」の一文からはじまるベトナムの自然について語られたそのくだりには、西洋人や日本人の自然との関係性を指摘しつつ、自身の実感をフィルターにして文明論に踏み込もうとする勢いがある。そもそも近藤紘一の著作の魅力は、身辺から些細《ささい》なことがらを抽出し、それを梃子《てこ》として文化や歴史を掘り起こし、立体的に考察を試みる果敢な筆の運びにある。その結果、埋もれがちな雑事や日々のできごとは、考察によって逆に輪郭をあたえ直され、意味を深める。たとえば、妻の食いしんぼうぶりを描きながら、同時にベトナム文化の深層へ分け入り、見聞きしたものすべてを思考の手がかりに運用してゆく「妻は食いしん坊」「ベトナム式子育て法」などは、その好例だろう。野地さんもまた、近藤紘一が見たとおなじものを見たい、おなじ場所に立ちたいと願って旅にでた。タマリンド、アフリカンマホガニー、チャイニーズオーク、植えられた三種類の街路樹に目を向けてそれぞれの光の違いを感じ、メコンデルタへ足を運び、サイゴン動物園をのぞきながら、ありのままのベトナムを知覚することに腐心し、庶民の日常にじかに触れ、視線を重ねてゆく。

「近藤紘一が毎日、どうやって庶民から話を収集していたかは束の間《つかま》ではあったけれど、追体験することができた」と素朴な感想を記すのは、本書「ミセス・ユンの家で」。七十年代当時、かつてナウの親族たちと三年近くいっしょに暮らした場末のフアングーラオ通りは、いまではすっかり新しい街になりかわっていた。往時の様子を知るひとに話を聞こうと、知人から紹介してもらったミセス・ユンの家を訪ねると、取材そっちのけで乾杯の繰りかえし。いっこうに本題に漕ぎつけられない。会ったばかりの外国人を相手に、おいそれと本音など言うものかというふうに酒を注がれ、あげく孵化《ふか》寸前のアヒルの卵ビトロンを二個も平らげさせられる場面には、こちらもたじたじとなる。近藤紘一は「超プラグマティックなベトナム人の体質」と書いているが、つねに戦争を日常の一部として暮らしてきたベトナム人のしぶとさ、硬質な精神性を、歓待のひとコマのなかにかいま見る。そもそも近藤紘一自身が同様の体験を数かぎりなく重ね、ときには臍《ほぞ》をかみ、煮え湯を飲まされもしただろう。しかし、ほとほと呆《あき》れながらも、近藤紘一はベトナム人のこころの襞《ひだ》に分け入る努力を自覚的に重ねた。その共感力もまた、ひとりのジャーナリストの思想と個性を物語っている。野地さんは、旅の道中、実体験の重みがその著作の核を形成していることを何度も確認することになる。

さて、本作には、近藤紘一を語るうえで欠かせない人物が登場する。湘南高校時代から交遊のある元NHKアナウンサー、吉川精一。再婚後の一家の面倒をなにくれとなくみた、早稲田大学同期生で、サンケイ新聞社にも同期入社した倉持貞雄。実弟、近藤次郎。産経新聞社で国際報道部次長だった時代にアルバイトとしてじかに接していた佐野領。ノンフィクション作家としての育ての親というべき編集者、新井信。彼らへのインタビューがそれぞれに多角的な光となって、知られざる人物像を肉づけする。

とりわけ、ベトナムに赴任する以前の近藤紘一を語る吉川精一の証言が有効な補助線を引く。

「奴がサイゴンへ行ったのはむろん、サンケイ新聞の社命でしょう。だが、あいつは戦場だから出かけていった。死に近い場所へと行きたかった。とにかくいちばん苦しい場所へ自分の身を置きたいと思ったはずです」

ベトナムに赴任する前年、前妻との結婚生活はわずか五年で終止符を打った。遊学先のフランスで精神を病み、自殺をはかった妻がそののち帰らぬひととなったとき、結果として妻を追いこんだ自分をひたすらに責めた。その苦しみと禍根を受けとめきれなかったからこそ、戦火のベトナムへ渡ることが必要だったのだと吉川精一は言っている。

近藤紘一の人生を捉《とら》えるとき、見逃せない一文が『サイゴンのいちばん長い日』のなかにある。前妻を失った事実について触れるくだり。

「私が生き続けようと思えば、残された手段は、人生の価値判断とでもいったものをいっさい放棄することだった。今後は、自分で自分の道を決めようなどという大それた考えをもたぬことだ。同時にそれは他人のすべてを不幸も幸福も含めて外界で生じるすべてを許容することだ。そう決めた時以来、私は、自由になった」

自暴自棄ではなく、諦念でもなく、ただ自分をおおきなちからに委《ゆだ》ねるという「決意」。みずからその決心を強固なものにするかのように、ベトナムに渡ってほどなくナウと恋に落ち、大家族との生活の渦中に入ってゆく。ベトナムでの生活は、つまり生の回復にほかならず、ナウの存在はそのシンボルでもあった。だからこそ終生、身を削って馬車馬のように働きながら原稿料を稼ぎ、ときに持て余しながらも妻と娘を守り通そうとした。そこには、自身に人間性の回復をもたらしたベトナムという国への感謝、尊敬の念があっただろう。夫の真情を誰より理解していたのは、ほかでもない妻のナウである。だから、吉川精一の証言が胸に刺さる。

「近藤が死んだ後、自宅を訪ねたら、仏壇があって、彼だけでなく、前妻の位牌《いはい》もありました。ナウさんは毎朝、ふたりを拝んでいると言っていた。そして、いまでもナウさんはフランスで、ふたりの位牌を拝んでいるそうです」

この事実に接して、わたしは、いいようのない感動をおぼえた。生も死も超えた自由な場所で、いま、その魂はおおきなちからに護《まも》られている――。実弟の近藤次郎の言葉「自分の世界が好きなんです。そして、妻や子どもは自分の世界の延長だったんじゃないかな」も、複雑な内面を示唆して興味ぶかい。くわえて、野地さんは新聞記者時代を知る佐野領の言葉をレントとして、ノンフィクション作品における近藤のスタイルに触れている。

「彼の目的は特ダネをつかむことではなく、記者仲間から敏腕と呼ばれることでもなかった。戦争の話ばかりが広まっているベトナムという国に生きる人々の目鼻立ちや考えていることを紹介したかったのだろう」

旅のおわり、野地さんはさらにパリに飛び、愛情のかぎりを注いで育てられた娘、ユンに会って貴重なインタビューを試みている。かつて父とともに滞在したタイで知り合ったフランス人一家ルロワ家の息子ピエールと結婚、ふたりのあいだにできた息子は「ジュリアン・コウイチ」と命名された。パリで会ったとき、すでにユンは五十一歳、しかし、野地さんに語る言葉は父を恋う娘のそれである。

「お父さんが死にそうになった時はもう、何もしゃべれなくなって、お父さんと私は手を握っているだけでした。最後の言葉はありません。苦しそうにしていたのを見守っていただけです。死んだ後、もし、自分がその場で死ねるのならばその日の夜までに死にたかった」

実の父親を知らない五十一歳のユン。十三歳で日本に渡ってバンコク、東京を経てフランスに辿《たど》りついたユン。わたしたちは、彼女の人生をも追体験することになる。

『サイゴンから来た妻と娘』は七八年、文藝春秋から刊行されたのち文春文庫に収録、さらに今回、小学館文庫にも収録されることになり、長く読み継がれている。そのなかで、従軍記者として暮らしたサイゴンがもたらしたものについて、こう率直に総括がなされている。

「サイゴンで暮らした三年余り、私の視点はたえず揺れ続けた。

一方には、この戦争の意味を見失うまいとする意識があり、他の一方には、日々の生活を通じて否応《いやおう》なしに肌身に受ける、この国の現実の重みがあった。自分自身納得のいく態度とは、多くの場合互いに反発し合うこの二種類の価値判断の融和点をさぐり出し、そこを自らの報道の出発点にすることと思えたが、これは突きつめていけばいくほど、困難な仕事だった。

現在も同じだ。

北ベトナム戦車隊の入城は「解放」であったのか、「占領」であったのか。「占領」と名付けることは明らかに誤りだろうが、それならば、陥落前のサイゴン住民を支配したあの必死の空気は何だったのか、また、あのおびただしい数のソ連製の戦車群を目にしたときに私自身の全身を包んだ、あの、何か荒寥《こうりょう》とした感覚は何だったのか、と私は問い続ける。こんごもベトナムを思うとき、私はこの一種の原体験感覚を捨て切れまいと思う」

いま、なぜ近藤紘一なのか。その問いの答えは、たとえば、この文章のなかにも見つかる。眼《め》のくもりを戒め、目前の現実の重みから逃れず、「原体験感覚」を手放さない。いつの時代であっても、それはひとがひとを理解するうえでの根本であり、野地さんの旅の照準も努めてこの一点に合わせられている。「人間を描く」と宣言してベトナムに向かい、彼《か》の地からつねに日本と日本人をかんがえつづけた近藤紘一の足跡を辿ることは、いま、わたしたちにとって必要不可欠な精神の鍛錬でもあるのではないか。

（ひらまつ・ようこ／エッセイスト）

装幀　山田満明
表紙写真　岸本 剛
編集　齋藤 彰

写真撮影及び提供

新井信（近藤紘一、ナウ夫人、ユンさんポートレート）
P4、31

近藤次郎（近藤紘一ポートレート）
P83

白石和弘（日本風景）
P6、7、11、17、20、21、25、36、37、41、45、51、54、55、61、65、69、234、235

岸本剛（ベトナム、タイ風景）
P74、75、79、85、88、89、95、99、105、108、109、113、121、125、131、136、137、141、145、149、154、155、159、163、167、170、171、175、179、183、189、229

吉田タイスケ（フランス風景）
P192、193、199、203、209、214、215、219、223

田中麻以（日本風景）
P237、240、241

―本書のプロフィール―

本書は、日本航空SKYWARDに二〇一一年から二〇一二年にかけて連載された『美しい昔』を加筆し、解説を加えて文庫化したノンフィクション作品です。

小学館文庫

# 美《うつく》しい昔《むかし》

## 近藤紘一《こんどうこういち》が愛《あい》したサイゴン、バンコク、そしてパリ

著者　野地秩嘉《のじつねよし》

二〇一三年八月七日　　初版第一刷発行

発行人　稲垣伸寿
発行所　株式会社　小学館
〒一〇一－八〇〇一
東京都千代田区一ツ橋二－三－一
電話　編集〇三－三二三〇－五六一七
　　　販売〇三－五二八一－三五五五
印刷所――――大日本印刷株式会社







ISBN978-4-09-408846-5